Juanma García

Tácticas y estrategias en la pesca a mosca

SEKOTIA

SEKOTIA
www.sekotia.com
@Sekotia

www.sekotia.com

Primera edición: febrero, 2025

Editorial Sekotia • A mosca
Editor: Humberto Pérez-Tomé Román
Maquetación: Fernando de Miguel Fueyo

Parque Logístico de Córdoba. Ctra. Palma del Río, km 4
C/8, Nave L2, nº 3. 14005 - Córdoba
info@almuzaralibros.com

Impresión y encuadernación: Gráficas La Paz
ISBN: 978-84-19979-64-3
Depósito legal: CO-138-2025

Impreso en España/*Printed in Spain*

La foto habla por sí misma.
A mi familia, por el apoyo recibido en todo momento.

ÍNDICE

Fédération Internationale
Mouche

INTRODUCCIÓN AL MUNDO DE LA PESCA A MOSCA

Imaginad que os inscribís en una autoescuela para obtener el carné de conducir y que, además de aprender a manejar el coche, al terminar el curso tenéis un conocimiento profundo de la mecánica del vehículo, sois capaces de resolver las averías más comunes que podríais enfrentar durante un viaje e incluso de fabricar vuestras propias piezas para mejorar el funcionamiento del equipo.

Reconozco que, a lo largo de mi vida, tanto como pescador de competición, monitor y ahora como director de la Escuela de Pesca de Aragón, he recibido muchas solicitudes de alumnos y pescadores para escribir sobre la pesca a mosca. La experiencia de formar a pescadores en un curso es bastante directa: identificar problemas de lanzado, malas costumbres, falta de ritmo, descoordinación de movimientos o ajustes en el ángulo de la caña es mucho más sencillo cuando estás en contacto directo con la persona. Puedes señalar el error y mostrar la solución en el momento.

Sin embargo, al escribir un libro destinado al público en general, el enfoque es completamente diferente. Debo descomponer cada aspecto del tema, hoja por hoja, asegurándome de que todos, desde principiantes hasta especialistas, puedan entender y asimilar la información que quiero transmitir. Ampliar los conocimientos sobre la pesca a mosca para cualquier nivel es un desafío mayor que simplemente pescar truchas. De hecho, me gustaría que este libro os enseñara algo más que a hacer excelentes presentaciones con moscas secas. También espero que, a través de él, descubráis por qué unos bajos son más adecuados según la época del año o que, dependiendo de los diámetros y la longitud de estos, obtendréis más potencia o delicadeza en la posada…

Algunos de vosotros os preguntaréis qué me ha motivado a escribir este libro. Os lo cuento a continuación. Cada año, en marzo, tengo por costumbre asistir a la Feria de Caza y Pesca que se celebra en Madrid: Cinegética. Durante una de mis visitas, me encontré con Juan Delibes, un buen amigo mío, con quien tuve la suerte de colaborar en varios programas de pesca cuando él era director del programa *Caza y pesca*. Después de la alegría de reencontrarnos tras algún tiempo, me comentó que esa misma tarde presentaría su libro *La pesca del salmón atlántico*, editado por Sekotia.

De inmediato, le pregunté si podría comprar un ejemplar del libro en la feria y, por supuesto, que me lo dedicara aprovechando su presencia. Lo que ocurrió después fue uno de los momentos más increíbles de mi vida. Juan me tomó del hombro, me subió al escenario donde estaba realizando la presentación de su libro, y delante de todas las cámaras y asistentes, me presentó con palabras que, sinceramente, creo que no merezco, pero que agradezco profundamente.

Juan, siendo quien es, dice lo que piensa en el momento adecuado, sin rodeos ni complicaciones, con una sencillez y honestidad difíciles de encontrar. Para mí, ese reconocimiento en un evento de tanta relevancia fue un honor inmenso.

Campeón de España 1990-1995
Director de la Escuela de Aragón en pesca a mosca desde 2023
Entrenador de la selección nacional de pesca a mosca desde 2024

… me conformé con mi cima y desde allí admiraré siempre a tantos picos mucho más altos que mi humilde montaña.

MI HISTORIA
EN LA PESCA A MOSCA

1. Comencé a pescar a mosca en 1983, a los veintidós años. Antes de eso, desde 1979 ya había competido en lance ligero y cucharilla combinada con mosca ahogada.

2. El principal motivo que me impulsó a la competición fue mi deseo de demostrarme hasta dónde podía llegar y aprender de los mejores pescadores. Quería absorber todo el conocimiento posible de cada uno de ellos.

3. Mi opinión sobre la competición es clara: es el camino más corto para aprender a pescar y superarse. Evita un largo proceso de pruebas y errores, y pone a prueba tus técnicas durante la competición.

4. Al principio, entrar en el mundo de la competición puede ser desconcertante. Te sientes inseguro sobre tus habilidades y dudas si estás a la altura. El ver a todos como rivales puede encerrarte en una burbuja que te impide aprender y hacer amistades valiosas. Además, si te crees que lo sabes todo tras algunos buenos resultados, podrías perder el entusiasmo por la pesca.

5. Gracias a la competición, ahora vivo la pesca de manera más intensa. Conozco muchos ríos, tengo un mejor entendimiento técnico y conozco el comportamiento de las truchas. Las amistades que he hecho en las competiciones han sido mucho más numerosas que los detractores, y estos amigos me han ayudado a mejorar con sus críticas.

6. Antes de una competición, es crucial obtener toda la información sobre el lugar, las condiciones climáticas y las especies de trucha. Resolver cualquier problema personal también es importante para mantener la mente despejada y centrada en la pesca. Durante la competición, la concentración es esencial para tomar decisiones rápidas y obtener los mejores resultados. Llevar una «mochila» de problemas al río es la mayor pérdida de concentración en muchos momentos, perjudicando así los resultados de la jornada.

7. Los detractores de la competición son como flores que brotan y se marchitan rápidamente. Algunos no soportan la presión y se frustran con la derrota. Otros temen al fracaso y no comprenden que en una competición uno compite contra sí mismo. El buen pescador que teme arriesgarse por miedo al fracaso puede volverse un detractor de la competición.

8. Para mí, la competición siempre ha sido como escalar una montaña. Las derrotas son los acantilados y los senderos empinados. Con cada derrota y cada éxito, iremos superando todos nuestros obstáculos para construir nuestra propia montaña. Aunque nuestra montaña no sea tan alta como el Everest, cada montaña es única y valiosa. Me conformo con mi cima y admiro siempre los picos más altos.

9. Los aficionados a la lectura, al comprar un libro, buscan conocer al autor y su contexto. En historia, por ejemplo, es fundamental entender el trasfondo del autor para conocer la autenticidad de su obra.

10. Para aquellos que no me conocen, aquí va un breve resumen de mi historia. En 1964, en pleno verano, vivía en Binéfar, en un barrio conocido como el barrio Seco debido a la falta de agua en los grifos. Recuerdo cómo llenábamos un balde de cien litros gota a gota y las neveras que usaban bloques de hielo. En esos días, los pregoneros recorrían los pueblos y cambiaban botellas vacías por globos. Todos llevábamos un tirachinas en el bolsillo trasero, pues era esencial para jugar.

11. Una tarde, después de la siesta, me encontré con amigos mayores que yo con un cubo de agua lleno de peces rojos. Aquella visión me sorprendió enormemente. No sabía que existían peces de agua dulce ni que se podían pescar. Mi familia solo conocía la caza, no la pesca.

12. Cuando hice la primera comunión, recibí un aparejo de pesca para carpas como regalo. Aunque se enredó rápidamente, fue mi primer contacto real con la pesca.

13. Con el tiempo, empecé a improvisar con alfileres, tubos de plomo y bobinas de cobre. Aunque mi equipo era rudimentario, me las arreglaba para seguir a mis amigos en bicicleta, siguiendo las huellas hasta que las perdía. Esto me hizo más determinado y apasionado por la pesca.

14. A los once años, un amigo de mi padre me llevó a pescar al pantano de Santa Ana, donde empecé a manejar el cebo y el lance ligero. A los trece años, un amigo de mi tío Jorge, Carlos Pérez, me llevó a pescar truchas al río Bellos, donde descubrí la trucha en un entorno inigualable y salvaje de alta montaña.

15. Desde entonces, mi interés por la pesca continuó con el lance ligero, el cebo, la cucharilla, el buldog y finalmente, a partir de 1980, con la pesca a mosca. A pesar de que el equipo de pesca a mosca era caro, compré uno en Andorra en 1981. Aunque al principio no obtuve buenos resultados, la experiencia me llevó a mejorar y a adquirir un mejor equipo.

16. Hace unos años, asistí a una feria en Madrid donde Juan Delibes presentó su libro. Durante el evento, Juan me invitó al escenario y me presentó con palabras que no merezco, pero que agradezco profundamente.

17. En esa misma feria, Humberto Pérez-Tomé, director de la editorial Sekotia, me propuso escribir un libro sobre pesca a mosca. Inicialmente, dudé debido al desafío que representaba. Aconsejado por mis hijos, Aitor y Sara, acepté el reto con la determinación de los pescadores.

SIMMS
casa

PESCADORES EN EL RÍO

Preguntas comunes en la pesca a mosca

¿Es más importante la mosca o la presentación?
Esta es una pregunta frecuente entre los pescadores principiantes. Mi respuesta es clara: la presentación es más importante que la mosca. Para ilustrar esto, consideremos el siguiente ejemplo: ¿cuántas truchas pescaría un principiante con la caja de moscas de un competidor de la selección española y cuántas pescaría un competidor con la caja de un principiante? La respuesta es evidente: el competidor de la selección española capturará más truchas con la caja del principiante que al revés. Esto demuestra que una buena presentación puede superar a una selección de moscas, mientras que la habilidad en la presentación es lo que realmente marca la diferencia.

¿El pescador nace o se hace?
Otro debate común es si el pescador nace o se hace. Estoy convencido de que nacer con una inquietud de superación, capacidad de sufrimiento, perseverancia, habilidad manual y buena condición física es esencial. Sin embargo, también es crucial dedicar tiempo a la investigación, el trabajo y la práctica. Un buen pescador necesita tener una base sólida desde el nacimiento, pero también debe formarse y perfeccionar sus habilidades con dedicación, porque el arte y la virtud, sin esfuerzo se devalúan.

Ejemplos de pescadores destacados

David Arcay

David moll es un ejemplo claro de alguien que nació para la pesca. Con una familia de pescadores y una vida rodeada de ríos y mar, David ha aplicado los consejos y conocimientos de sus mentores para construir una carrera impresionante. Si hubiera nacido en Mozambique, podría haber sido el mejor en la pesca de peces tigre, pero su pasión por la pesca con mosca ha llevado sus habilidades a un nivel mundial. David agradece

a sus maestros, pero es igualmente importante que nosotros le agradezcamos por compartir su conocimiento y enseñanzas, que han enriquecido a muchos pescadores.

Josetxo Martínez Romero

En el XXIV Campeonato Internacional de la Pesca del Reo por parejas en 2009, tuve la oportunidad de formar equipo con mi amigo Josetxo Martínez de Pamplona. Durante el campeonato, fuimos testigos de una anécdota que reflejaba la evolución futura de la pesca con mosca.

Observamos a una pareja de pescadores que eran expertos en la pesca a pez visto y con perdigón, pero cuando se produjo una intensa eclosión de tricópteros, continuaron usando perdigón en lugar de cambiar a mosca seca. Les sugerimos cambiar

a mosca seca, y uno de ellos lo hizo, pero encontró dificultades significativas al intentar presentar la mosca adecuadamente en las corrientes y remansos. Su incapacidad para manejar la mosca seca demostró que, a pesar de su habilidad con otras técnicas, la presentación y adaptación a nuevas situaciones son esenciales para el éxito en la pesca.

Aprovecho para contaros una anécdota sobre cómo empezó nuestra amistad.

Corría el año 1995; yo había quedado por segunda vez campeón de España y él acompañaba en alguna ocasión a nuestro amigo Suescun, quien me lo presentó. Hablamos un buen rato sobre cómo había ido la competición, junto con otros pescadores. Desde entonces, ya se le notaba una gran inquietud por aprender de todos, escuchando casi sin mediar palabra.

Creo que fue en el año 1997, en el selectivo para el mundial de Polonia '98. Él estuvo allí el día antes del campeonato, como la mayoría de nosotros, y durante la cena se me acercó y me saludó, recordándome que Suescun nos había presentado tiempo atrás. Lo vi abatido, triste, desesperado. Le pregunté qué le pasaba y me comentó que no sabía pescar truchas en aquel río, pues había preguntado a varios competidores a la vuelta y todos le habían comentado resultados superiores al suyo: uno había cogido 12 truchas, otro 16, otro 8, e incluso otro hasta 18 truchas, todas de tamaño de competición, en el transcurso del día.

Él, en cambio, solo había cogido dos truchas en todo el día, una por la mañana y otra por la tarde. Yo sabía cómo estaba el río y lo escaso de agua que llevaba ese año, con truchas muy difíciles de pescar. Así que le dije: «Si me dices la verdad y realmente has cogido dos truchas en estas condiciones, en este campeonato sigue pescando como lo has hecho hoy y te irás al mundial. ¿No te das cuenta de que te han querido derrotar antes de que siquiera empuñes la caña?» Y así fue; se clasificó para Polonia.

Desde entonces fuimos un equipo de dos amigos, preparándonos juntos para campeonatos y selectivos.

Josetxo Martínez, Guy Roques, creador de la hormiga, y el autor

Mateo Bronc

Mateo es un niño de once años que empezó a pescar con tan solo cinco años percas en estanques y, con seis, a mosca los alburnos en el río Guadalope a su paso por Alcañiz.

Su padre Fernando siempre ha competido, y cómo no, de raza le viene al galgo. Entre eso, y que los amigos que le rodean son también pescadores, en especial Iván Vergé, excompetidor de esos años de éxito en que España consiguió tres medallas de oro por equipos y varios de sus componentes también lo consiguieron por individual, todo esto ha hecho que Mateo comenzara su andadura en la competición.

En 2021, cuando Mateo tenía ocho años, cayó en mis manos un vídeo suyo pescando. Ahí vi su potencial y conseguí que él y su padre viniesen a Binéfar. En el polideportivo comenzaron unas clases para corregir fallos innatos de lance y mejorar la técnica. Así ingresó en la Escuela de Pesca de Aragón. En el tiempo que lleva pescando

en la escuela, ha sido dos veces campeón de Aragón y bronce de España por equipos. Desde el año 2023 forma parte del selectivo español, esperando a cumplir los catorce años (edad mínima) para poder asistir a los mundiales. A continuación, se le puede ver con alguna de sus capturas.

La mujer en el mundo de la pesca

Cuando comencé a pescar, era realmente raro encontrar mujeres en la orilla de los ríos, y mucho más ver a alguna lanzar a mosca. Afortunadamente, hoy en día las cosas han cambiado, y en la pesca, para bien.

Ahora no es inusual ver a mujeres con cañas de mosca en mano, y debo decir que, en mi experiencia enseñando a pescar, las mujeres suelen ser más aplicadas que los hombres. Tienden a escuchar con más atención y a corregir sus defectos de autodidactas en el lance en un tiempo más corto.

Quiero compartir algunos ejemplos de mujeres de diferentes edades y nacionalidades, con oficios muy variados, porque creo que, al igual que en los hombres, hay una historia detrás de su afición por la pesca.

¿De dónde proviene este interés? ¿En qué momento se dieron cuenta de que eran felices con una caña en la mano y decidieron dedicar parte de su tiempo libre a esta pasión tan primitiva? La chispa que enciende este amor por la pesca puede tener muchas explicaciones, pero una de las más relevantes es que en las familias donde hay hombres pescadores, es común que al menos una mujer también se una a esta tradición. Sin embargo, cuando la pescadora es la mujer, a menudo sucede que toda la familia termina involucrándose, ya que ellas tienen el don de transmitir esta afición de una manera más sutil y natural.

Esta es, al menos, mi teoría. Estoy convencido de que, en tiempos antiguos, los pescadores y cazadores, al tener la responsabilidad de alimentar a su grupo, tomaban el mando y, a pesar de que su vida pudiera estar en juego, no dudaban en arriesgarse para volver con comida y, de este modo, convertirse en líderes del grupo.

Ese mismo ADN que les impulsaba a salir al campo, a las montañas y a los ríos, sigue presente hoy en día. Es en la naturaleza donde nos sentimos libres, en nuestro hábitat natural. Los cazadores, pescadores y recolectores de frutas fueron los primeros en descender de los árboles para obtener alimento. Si volviéramos a esos tiempos, es probable que siguiéramos actuando de la misma manera, a pesar de los peligros. Sin embargo, en la actualidad, seríamos criticados por quienes no se atreven a bajar del árbol, aunque ellos también se beneficien de lo que traemos a la mesa.

Las mujeres también comparten ese mismo ADN que ha llevado a los hombres a la pesca. En circunstancias determinadas, tuvieron que asumir el liderazgo del grupo. Hoy, la llamada del río y de la montaña es más poderosa para ellas que otros caminos más cómodos en la vida, y eso habla de su valentía y determinación. ¡Es algo digno de admiración!

Alexandra Matisova

A Alexandra la conocí en 2024, durante el campeonato del mundo celebrado en Chequia, como componente del equipo eslovaco a cargo de Milan Kubik, gran amigo mío.

Me habló de ella como una gran competidora de ese país. Confirmando sus palabras os diré que Alexandra el segundo día de competición estaba en primer lugar de la clasificación mundial, y era la única mujer entre todos los competidores. Este dato da fe de su espíritu competitivo y su habilidad con una caña en sus manos. He descubierto en ella a una competidora honesta, seria, con alto valor de responsabilidad y, posiblemente, una seria candidata a campeona del mundo, cuando dé el salto y compita en su liga natural.

—Subcampeona liga juvenil, Eslovaquia 2020.
—Tercera clasificada liga juvenil, Eslovaquia 2022.
—Tercera clasificada campeonato lago, Eslovaquia 2023.

—Campeona individual y por equipos liga juvenil, Eslovaquia 2023.
—Bronce por equipos campeonato del mundo, Serbia 2023.

Marta Zubiaurre

A Marta hace veinte años que la conozco, desde cuando competía de jovencita. Lo hacía siendo la única chica en los campeonatos de España. Eso nunca le importó, pues lo que más le gusta es pescar en el río que sea. La afición le viene desde muy niña, establecida en su cuerpo y mente para siempre.

Conchita López Maraver

Sin duda, su gran afición es la naturaleza. La descubrió a través de sus padres y hermanos. Siempre ha vivido en Madrid, pero al llegar los fines de semana, se le abrían las puertas de la felicidad, en ocasiones acompañando a su hermano Ángel. Los fines de semana la hacían sentirse viva... Ser despertada por el canto de un gallo, los cencerros de las vacas, oler la hierba mojada. Era el aroma inconfundible de la tierra húmeda después de una gotas de agua, fotografiar pájaros, mariposas y otros animales.

Ahora, poder compartir la pesca con su marido y sus hijos es su gran ilusión, y su gran deseo es poder transmitirles el mensaje de la naturaleza.

■ Alba Escamilla Aivar

Alba, con tan solo trece años, es la alumna más experimentada de la escuela de pesca en Aragón. También la más veterana entre las féminas. La afición le viene de su padre y su entorno de amigos, cuyos hijos también pescan, como nuestra joven promesa Mateo Broc. Es muy disciplinada y segura en el río, tranquila como un témpano de hielo cuando prende una trucha, una niña encantadora, siendo un ejemplo de pescadora a mosca digna de admiración en estos tiempos.

Siendo la única mujer en los campeonatos de España actuales juveniles, es envidiable su capacidad y técnica de lanzado.

■ Nerea Mele Taixido

Nerea es una de esas niñas que piden una caña de pescar a los Reyes Magos, y cuando sus padres le dicen que pida más regalos, ella pide otra caña de pescar. Creo que, con estas palabras, y esta foto con nueve años, está todo dicho.

PESCAR EN COMPETICIÓN ES PESCAR CONTRA UNO MISMO

Reflexiones sobre la competición en pesca a mosca

En cierta ocasión, me pidieron que colaborara y que escribiese unas palabras sobre la competición para la revista del concurso. Así nació esta historia, simple pero directa para entender cuál es el espíritu de la competición.

Mi carta:

Hola, amigos. Quiero agradecer a la organización del IV Open de Pesca a Mosca por Parejas en el río Xallas, Galicia, por brindarme la oportunidad de compartir algunas reflexiones sobre la competición en este apasionante deporte.

En cualquier actividad, la competición puede ser vista desde distintas perspectivas. Hoy, quiero enfocarme en cómo enfrentarla de manera positiva y enriquecedora. Si vuestro único objetivo es ganar, os recomiendo que reconsideréis vuestra participación. La competición sin una visión más amplia puede llevar a la frustración, a perder el disfrute de la pesca y a desvirtuar el respeto hacia el objetivo principal: la pesca y el desarrollo personal.

En cambio, si abordáis la competición con el deseo de ampliar vuestro círculo de amistades, conocer mejor el río y entender el comportamiento de las truchas en diversas condiciones, la competición os recompensará con creces. De hecho, puedo ilustrar esto con un ejemplo:

Imaginemos un río con diez puestos de pesca y diez competidores. Nosotros somos el número 10. Comienza la competición y, por alguna razón, decidimos no lanzar la caña hasta el final de la manga. Al terminar, habrá un primero, un segundo, un tercero, y así sucesivamente hasta el décimo puesto, que será nuestro, con un cero en la puntuación, ya que no hemos realizado ninguna pesca.

Ahora, supongamos que tenemos un botón que nos permite reiniciar la competición. El puesto diez que nos tocó inicialmente es de los buenos. Con algo de experiencia y control de nervios, conseguimos ocho truchas, ascendiendo al séptimo puesto. Pero somos competidores y no nos quedamos satisfechos.

Entonces, apretamos nuevamente el botón y comenzamos otra vez; habiendo aprendido de nuestros errores previos, pescamos algunas truchas adicionales, corregimos fallos como el desenganche cerca de la sacadera o la ruptura del hilo por una clavada defectuosa, y finalizamos con diecinueve truchas, obteniendo el segundo puesto. Pero no nos conformamos.

Si lo intentamos una vez más, con la experiencia acumulada, corregimos todos los errores anteriores. Aseguramos el cambio de hilo antes de que una gran trucha lo rompa y, finalmente, logramos sacar más de veinte truchas y alcanzar la primera posición.

Lo que quiero destacar es que el verdadero rival en la pesca somos nosotros mismos. Cuanto antes entendamos esto, más rápidamente superaremos nuestros errores. Pescar como si no existieran otros competidores nos permitirá mantener la tranquilidad necesaria para mejorar y disfrutar de la experiencia.

Al final de la competición, compartiremos nuestros conocimientos y experiencias sin reservas, y nuestros trofeos serán un reflejo de los buenos amigos cultivados en la orilla del río, en lugar de simples objetos que acumulan polvo. Sentiremos un orgullo genuino por los logros alcanzados, no solo en términos de truchas, sino también en las relaciones y aprendizajes obtenidos a lo largo del camino.

Espero que esta reflexión os ayude a pescar más y mejor, tanto truchas como amistades, y que cada competición sea una oportunidad para superaros y disfrutar plenamente del arte de la pesca.

¡Buena pesca a todos!

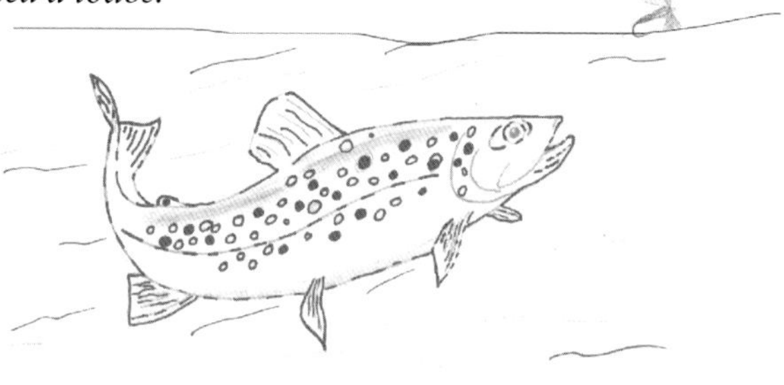

EN EL RÍO

La pesca con mosca seca: arte y paciencia en la era de la ninfa

La pesca con mosca seca es una de las técnicas más elegantes y desafiantes en el mundo de la pesca, pero ha quedado a menudo en la sombra frente a técnicas más modernas y efectivas como la pesca a ninfa o perdigón. En 2003, durante el Campeonato Mundial celebrado en España, decidí retirarme de la competición por diversos motivos, siendo uno de los más importantes mi deseo de apoyar a mi hijo Aitor en su ascenso del selectivo juvenil al equipo absoluto. Este cambio marcó el punto de inflexión que me permitió dedicarme casi exclusivamente a la pesca con mosca seca.

Al reflexionar sobre mi trayectoria en la competición, estoy convencido de que, de haber continuado compitiendo, mis horas en el río se habrían enfocado en la pesca a ninfa y perdigones, como ocurre con muchos competidores. Los pescadores de España, Italia y Francia, gracias a nuestro clima favorable, tenemos la posibilidad de practicar la pesca con mosca seca incluso en invierno, ya que los peces se ceban a ciertas horas del día. Sin duda, la influencia del Mare Nostrum ha dado lugar a destacados pescadores de mosca seca a nivel mundial.

Durante los quince años en alta competición, conocí a grandes figuras del mundo de la pesca con cola de rata. Tristemente, hoy en día, quedan pocos de esa generación de los años noventa en competición activa. Solo un pescador de aquella época sigue compitiendo a alto nivel: mi buen amigo Jordi Oliveras, quien destaca en todas las modalidades y técnicas de pesca, incluyendo su excepcional habilidad en la pesca con ninfas a trucha vista.

En el ámbito global, la pesca con ninfa se ha consolidado como la técnica más efectiva y productiva en competición. Esto ha llevado a que la pesca con mosca seca sea relegada tanto por competidores como por pescadores recreativos. Las ninfas y los perdigones ofrecen resultados excepcionales en una variedad de condiciones acuáticas. Esta tendencia ha llevado a un aumento de pescadores que optan por estas técnicas en lugar de la pesca con mosca seca, que ha disminuido considerablemente.

No obstante, algo está cambiando en los campeonatos recientes, especialmente en las últimas mangas. Las truchas, que ya han sido pinchadas frecuentemente con perdigones, se muestran más dispuestas a subir a una mosca seca si hay alguna eclosión. Incluso cuando no hay eclosión visible, la pesca con mosca seca al agua en lugares estratégicos puede ofrecer excelentes resultados. A menudo, es el complemento perfecto para ganar una competición, ya que las truchas no asocian el peligro de una mosca en la superficie con el de un perdigón que ya ha pinchado a muchas de ellas.

Comparo la pesca con mosca seca con la caza con arco. No basta con comprar un arco y flechas e ir a cazar; abordar la caza con arco de manera superficial garantiza el fracaso. En contraste con las modalidades de caza con armas de fuego, donde basta con tener una escopeta o un rifle y apretar el gatillo, la caza con arco requiere un aprendizaje minucioso. Hay que aprender a tensar el arco, sostenerlo correctamente, conocer las distancias y la caída de la flecha, valorar el viento y su influencia en el disparo, elegir las puntas de flecha adecuadas según el animal y utilizar el camuflaje apropiado. También es esencial conocer las costumbres y el comportamiento del animal. A pesar de todo este conocimiento, es probable que volvamos de vacío.

De manera similar, para pescar truchas con mosca seca se requiere un conocimiento profundo del lanzado, el equipo adecuado y la capacidad de seleccionar los bajos según el viento y el tipo de trucha que se va a pescar. Es crucial entender el nivel de presión de pesca que han soportado las truchas previamente, así como conocer los insectos presentes y las características de las aguas, ya sean corrientes, tranquilas, tablas rasas o embalsadas.

En conclusión, la pesca con mosca seca es una técnica que, aunque ha sido eclipsada en algunos ámbitos por la efectividad de las técnicas modernas como la ninfa, sigue siendo un arte que requiere paciencia, habilidad y un profundo entendimiento del entorno y del comportamiento de las truchas. Para quienes eligen esta forma de pesca, los retos y recompensas son únicos y profundamente satisfactorios.

Durante mucho tiempo tuve en mente un dibujo que finalmente plasmé en papel en mi lugar de trabajo. Era una escena simple: una trucha en el fondo del río y, sobre ella, una mosca arrastrada por la corriente, flotando en la superficie.

Imaginaba una eclosión masiva, con cientos de moscas dejándose llevar por la corriente, revoloteando en la superficie. Pero las truchas no se lanzaban a comer la mayoría de estas moscas, solo elegían unas pocas de entre las cientos que pasaban por encima de ellas. Quería entender el motivo, la razón por la que una trucha decide, de repente, subir desde el fondo o moverse rápidamente hasta la superficie para tomar una mosca en particular y no cualquier otra, aunque todas fueran naturales.

Una y otra vez miraba ese dibujo, preguntándome lo mismo: ¿por qué algunas moscas sí… y otras no?

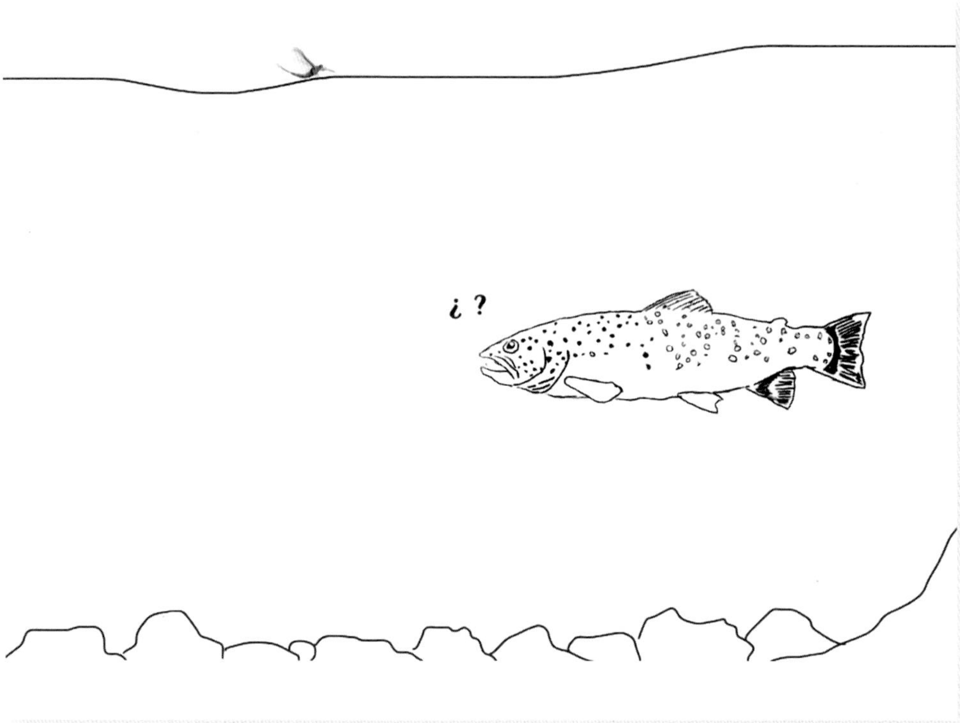

Sabía que, si lograba responder a esta incógnita, podría mejorar mis habilidades para pescar truchas. Pasé tanto tiempo buscando la respuesta que casi perdí la esperanza de encontrarla. No la hallaba porque esperaba algo complejo y difícil de entender, pero la realidad era sorprendentemente sencilla. La respuesta estaba ahí, frente a mí todos los días, y sin embargo, no era capaz de verla.

La razón que impulsa a una trucha a moverse hacia una mosca, ya sea natural o artificial, se llama vida. Si logramos transmitirle a nuestra mosca artificial esa sensación de vida, utilizando la velocidad y dirección de la corriente, habremos alcanzado una de las metas más desafiantes en todos los sistemas de pesca: el engaño a través de la naturalidad.

LA PESCA A MOSCA, UNA FORMA DE VIDA

La pesca con mosca: un arte complejo y gratificante

En muchas modalidades de pesca, la iniciación puede ser bastante sencilla. Puedes visitar una tienda y adquirir una caña de cuatro metros y medio, hilo, anzuelos, plomos y cebos como lombrices, dragas o canutillos. Con estos elementos, simplemente montas el equipo, lanzas al agua y el tiempo, junto con la práctica, te irá transformando en un pescador experimentado. También es posible optar por un equipo de lance ligero: carrete, caña, cucharillas, hilo y botas, y moverte de un sitio a otro en busca de capturas. La pesca con mosca ahogada, o la pesca a la leonesa, es igualmente accesible y atractiva; compras una caña, un carrete, una cuerda y, con algo de práctica, puedes empezar a disfrutar de esta técnica en los ríos.

Sin embargo, la pesca con mosca seca es una experiencia completamente diferente y, para muchos, una forma de vida. Esta técnica exige un conocimiento profundo y una habilidad considerable. Su objetivo es que la mosca artificial en la línea se comporte en el agua como una mosca natural. Para lograr esto, es necesario dominar varias disciplinas: lanzar la mosca con precisión según la posición del pescador y las condiciones del río, posar la línea y el bajo con suavidad para que la fuerza del agua no estropee la navegación de la mosca, no golpear el agua con nuestra línea y tener una buena lectura del río para elegir los lugares y ángulos de lanzado más prometedores. Además, se requiere una comprensión detallada de los insectos y el comportamiento de las truchas en la superficie. La pesca con mosca seca, tanto recreativa como deportiva, es la técnica más completa y desafiante que podemos practicar debido a la cantidad de conocimientos y habilidades que exige.

No obstante, no quiero desanimar a los nuevos pescadores interesados en la pesca con mosca seca. Aunque es una práctica multifacética, su aprendizaje es escalonado y, con dedicación, no es extremadamente difícil de dominar. Quisiera ofrecer un consejo para quienes deseen aprender rápidamente: considerar la introducción en el mundo de la competición. La competición, independientemente del nivel, brinda la oportunidad de interactuar con pescadores más experimentados, lo que garantiza un aprendizaje directo de técnicas, comportamientos, movimientos, moscas y habilidades que, de otro modo, requerirían muchas jornadas de pesca.

Participar en competiciones de nivel medio-alto implica un compromiso con la perfección de la técnica, tanto en el río como en la mesa de montaje de moscas, y en cualquier momento libre. Esta inmersión acelera el aprendizaje más que la pesca libre, aunque esta última también tiene su valor. La pesca libre ofrece una experiencia distinta, caracterizada por la ausencia de presión, límites y horarios; el objetivo principal es disfrutar del tiempo en la orilla del río.

En resumen, la pesca con mosca seca es un arte complejo y gratificante que exige paciencia, habilidad y un profundo conocimiento del entorno. Mientras que la competición puede acelerar el proceso de aprendizaje, la pesca libre sigue siendo una forma valiosa y placentera de conectar con la naturaleza, y desconectar por un tiempo nuestra mente de todos los problemas que hoy en día nos invaden.

PRESENTACIÓN DE NUESTRA MOSCA

Vamos a hablar en primer lugar de la presentación. Esta abarca muchos aspectos que debemos tener en cuenta. Para empezar, una buena presentación de una mosca requiere tener a punto nuestro equipo, que incluye la caña, el carrete, la cola de rata, el bajo de línea y un buen conocimiento del agua. Además, es esencial tener la habilidad necesaria para un lance correcto, control del viento, la distancia, el secado de la mosca y otros elementos que iremos desgranando.

Sin embargo, si hay algo clave en todo esto, es la técnica del lance. Cada lance que ejecutamos no es simplemente un lance más, ya que una buena presentación nos obliga a conjugar muchos factores que pueden intervenir. Inicialmente, esto requiere muchas horas de entrenamiento con el fin de buscar el equilibrio en la perfección del lance.

Repasar nuestro equipo

La caña

Las tres condiciones imprescindibles para una buena caña son: peso, longitud y acción. La correcta combinación de estas características, bien proporcionadas y equilibradas en la acción de pesca, se traduce en comodidad al pescar durante horas. Evidentemente, el peso de la caña debe ser el menor posible, y la longitud debe adaptarse a nuestra fuerza y a la dificultad del entorno. Si somos adultos y podemos manejar cualquier medida de cañas especializadas para pesca con mosca disponibles en el mercado, solo nos limitará la longitud.

En entornos abiertos y libres de vegetación, como un barranco de montaña, cuando pescamos en nacimientos de alta montaña o en ríos de caudal bajo, podemos usar cañas de la máxima longitud posible gracias a la ligereza de los materiales actuales.

La caña es posiblemente el componente más personal que utilizamos. Normalmente, pesco con una caña entre nueve y 9,6 pies, una medida muy adaptable a la orografía del terreno y a las diferentes técnicas de pesca; si la vegetación me lo permite para ninfa empleo una de once pies.

Para comprender mejor la importancia de la longitud, acción y potencia, vamos a poner un ejemplo.

Si tomamos una piedra del tamaño de un perdigón y la lanzamos con todas nuestras fuerzas, no llegará muy lejos debido a su escaso peso, posiblemente solo cuatro o cinco metros. Si, en cambio, lanzamos una piedra algo mayor, como un guijarro, llegaremos más lejos porque su peso genera más inercia. Al seguir incrementando el tamaño y peso de la piedra, alcanzaremos una distancia máxima hasta que, en cierto punto, el peso excesivo hará que la piedra caiga más cerca de nosotros. Esto nos enseña que cada persona tiene una fuerza diferente y que cada persona tiene un peso ideal y diferente a los demás, aunque se trate a veces solo de unos gramos.

El ejemplo de las cañas de *surfcasting* de mar también es útil. Hace años, se creía que una caña más larga permitía lanzar más lejos, pero hoy sabemos que las cañas de materiales avanzados y de alto módulo ofrecen características muy técnicas sin necesidad de ser tan largas. En una tienda de pesca con cañas de *surfcasting* de mar, deberían tener cañas de prueba, desde tres metros y medio hasta cinco, para que los pescadores ajusten el tamaño ideal a sus necesidades, independientemente de su edad, género o fuerza. Más del noventa por ciento encontraría la caña perfecta adaptada a su fuerza para alcanzar la máxima distancia en el mar.

Sin embargo, en la pesca con mosca es más complejo. En esta disciplina, cuanto más sabes, menos esfuerzo necesitas para lanzar. Gracias a la calidad de las cañas modernas, tan ligeras y con la acción deseada, no tenemos problemas para desenvolvernos en el proceso de aprendizaje ni durante la pesca. Idealmente, cada pescador debería tener una caña hecha a medida para maximizar comodidad, potencia y precisión en el lance. Pero seamos realistas: hacer cañas a medida para todos sería carísimo. Por eso, recomiendo amoldarnos a una buena marca de calidad. En el mercado hay una gran oferta que satisface todos los bolsillos.

Carrete

El carrete, al igual que la caña, debe ser lo más ligero posible. Aunque todos los carretes especializados en pesca con mosca disponibles en el mercado son adecuados, es notable que cualquier pescador que participe en competiciones termina utilizando carretes semiautomáticos debido a las ventajas y prestaciones que ofrecen. Estos carretes son, en general, técnicamente superiores a los manuales, especialmente en lo que respecta a la rapidez y facilidad para recoger el hilo o la línea, lo cual es crucial en la pesca en río.

Es importante señalar que algunos carretes semiautomáticos tienen una capacidad limitada en la bobina, lo que puede provocar que la línea se deforme con el tiempo. Este es un detalle que, tarde o temprano, los pescadores experimentados notarán, ya que puede afectar a la calidad en la acción de pesca.

Una de las principales ventajas de un carrete semiautomático es la posibilidad de recoger la línea mientras se sigue pescando o incluso mientras se pelea con una trucha. Esto permite mantener siempre el control de la línea dentro del carrete y utilizar el freno cuando sea necesario.

En la pesca con mosca seca, un carrete semiautomático resulta especialmente útil porque permite controlar la distancia del lance en todo momento sin necesidad de interrumpir la pesca. Como pasaría con un carrete manual, si quisiéramos recuperar la línea sobrante. Además, facilita la recolección rápida de la línea sin levantar la vista del río al cambiar de lugar, lo que ayuda a evitar enredos con la maleza o las piedras de la orilla. También reduce el riesgo de pisar y romper la línea accidentalmente, especialmente si se utilizan clavos o cadenas en las botas.

Finalmente, algunos modelos de carretes semiautomáticos vienen equipados con tornillos ajustables en la pata del carrete, que permiten regular la distancia entre la palanca de recogida y la empuñadura de la caña. Ajustar esta distancia a la medida de la mano del pescador hace que la recogida de la línea sea mucho más fácil y cómoda.

A lo largo del libro, me dedicaré a explicar las ventajas que ofrece el carrete semiautomático en esta técnica de pesca. Aunque en varias ocasiones he montado líneas en mis carretes manuales para disfrutar de una pesca relajada, sin estrés ni prisas, la realidad es que el carrete semiautomático brinda una rapidez y unas prestaciones tan superiores que, una vez te acostumbras a ellas, resulta difícil volver a los modelos manuales.

Cola de rata

La cola de rata es un componente crucial en la pesca con mosca, aunque no siempre es determinante. Sin embargo, el mercado ofrece una amplia variedad de opciones que pueden adaptarse tanto al pescador como al tipo de pesca que se desee practicar.

Personalmente, recomiendo colas de rata del cuatro-cinco para principiantes, para notar su peso al manejarlas. Más adelante emplearemos colas más finas y rápidas de respuesta, durabilidad, agradable tacto y, lo más importante, porque no conservan memoria con el tiempo. Es fundamental asegurarse de que la línea ocupe el máximo diámetro posible dentro del carrete para evitar su deformación; para esto, es necesario instalar el *backing* adecuado. Lo que llamamos *backing* es la línea de reserva por si la captura saca más de los veintiséis/treinta metros de cola de rata y bajo. En España, sobre todo sería necesario con ciprínidos, depredadores y truchas de gran talla.

Su otra función es de «relleno» para que la línea principal esté menos enrollada y genere menos memoria, aunque esto se consiguió ya con los carretes de bobina Long Arbour.

Bajo de línea

El bajo de línea es el elemento —sin discusión— más importante para lograr una buena presentación de la mosca. Tanto es así que prefiero una caña de menor calidad acompañada de un buen bajo que una caña de alta gama con un bajo defectuoso.

El desarrollo de un buen bajo de línea ha sido una constante lucha para todos los pescadores. En mi experiencia, he probado bajos de todas las formas y tamaños posibles: cónicos con plomos incorporados, torsionados con puntas visibles, extremos de cónicos, puentes de colas de rata, lanzadores de *surfcasting*, cónicos de hilo y cónicos de silicona, entre otros. Es un mundo de experimentación continua en busca de esa presentación perfecta que todo mosquero anhela, y que a menudo parece inalcanzable.

Hace unos años, Jordi Oliveras le enseñó a mi hijo Aitor su fórmula para un bajo anudado, compuesto por diferentes diámetros y medidas. Al principio, no le di mucha importancia; la idea de tantos nudos en el bajo me resultaba extraña, y, sinceramente, me resistía a probarlo. Sin embargo, Aitor comenzó a usarlo mientras yo seguía pescando con los cónicos de silicona. Un día intercambiamos las cañas, y solo necesité dos lances consecutivos para darme cuenta de mi error.

La diferencia entre el bajo de línea, según la fórmula de Oliveras, y el mío era notablemente marcada. El suyo era mucho más controlable en términos de longitud, peso y prestaciones ajustables. Como era de esperar, ese día terminé pescando con su equipo, mientras él usaba el mío. Desde entonces, utilizo y recomiendo pescar con ese bajo, ya que su comportamiento en el río cumple con todas las condiciones que considero indispensables en un buen bajo de línea.

Sin embargo, como todo, el bajo anudado también tiene su punto débil. En situaciones en las que hay muchas algas en la superficie, flores flotando o pelusa de chopos, es preferible utilizar bajos cónicos sin nudos. No hay duda en esto.

En cuanto al empalme perfecto entre la cola de rata y el bajo, el método ideal es pasar el hilo del bajo por dentro de la cola, utilizando una aguja especial. Como se muestra en la foto, este sistema es impecable, y basta con renovarlo una vez al año para mantener su eficacia.

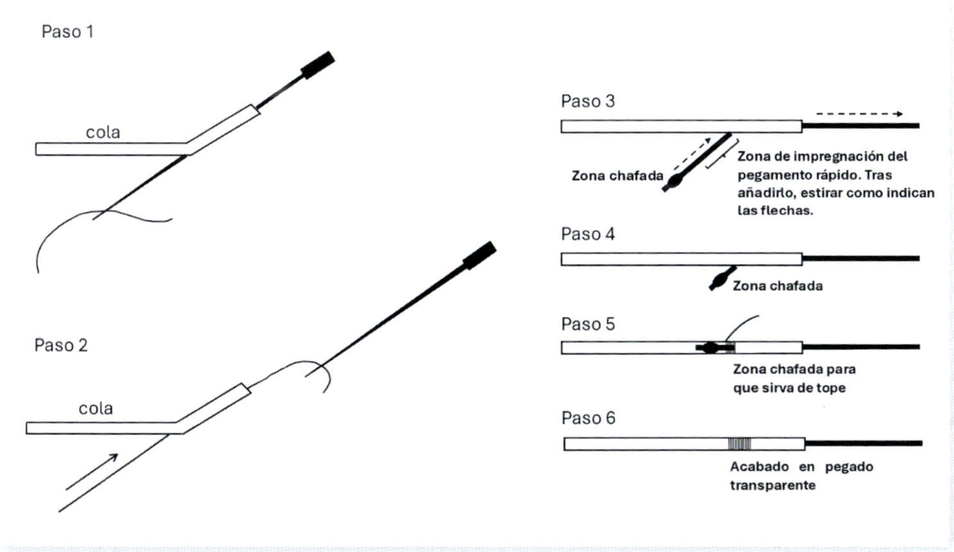

Empalme del bajo a la cola de rata

VESTIRSE DE ARRIBA A ABAJO EN EL RÍO

Gorro, gorra o visera

Recomiendo llevar siempre un gorro o una gorra durante la pesca. Aunque algunos pescadores optan por una visera, considero que, en los días de sol intenso, especialmente al mediodía, cuando la única compañía es el canto lejano de una chicharra, estamos ante un riesgo serio de insolación. Si estamos dentro del río pescando, debemos evitar esta situación a toda costa.

Por esta razón, en el noventa por ciento de mis salidas de pesca, uso gorra. Pero no cualquier gorra sirve para un pescador; debe cumplir con ciertas condiciones especiales que no todas las gorras ofrecen.

La gorra de pescador debe ser transpirable, ya que normalmente pescamos en las horas más calurosas del día. Para evitar el sudor y que las gafas polarizadas se empañen, la visera debe ser más ancha y un poco más larga de lo habitual, y preferiblemente con la parte inferior oscura o negra. Esto, junto con las gafas polarizadas, proporcionará un descanso

adicional a la vista al eliminar los reflejos excesivos que provienen del sol o del agua. En cuanto al color exterior, un gris medio, ligeramente claro, es ideal.

Recuerda que, desde el ángulo de visión de la trucha, lo primero que ven es nuestra cabeza. Si sumergiéramos la cabeza en el agua y miráramos hacia arriba, normalmente veríamos la claridad del cielo o el fondo de los árboles. Por lo tanto, en campo abierto, un gris medio claro es apropiado, y en áreas con vegetación, tonos verdes o grises discretos funcionan mejor. Debemos evitar colores llamativos que contrasten con el entorno, como blanco, negro, azul, naranja, etc.

Gafas polarizadas

Las gafas polarizadas son imprescindibles para la pesca con mosca por tres razones fundamentales: protección ocular (por ejemplo, de los anzuelos), visión sin reflejos para detectar las truchas y descanso visual, especialmente después de varias horas pescando en ríos o lagos.

Personalmente, no me gustan las protecciones laterales en las gafas, ya que pueden limitar la visión periférica y dificultar la detección de cebadas a ambos lados.

Chaleco o cajas de pecho

Siempre he preferido el chaleco, pero el mercado ofrece muchas otras opciones para adaptarse a los gustos personales y las diferentes modalidades de pesca. Si optas por un chaleco, asegúrate de que no quede ajustado, que sea de tela de secado rápido y que sea holgado para acomodar las cajas de moscas sin perder movilidad. Es muy recomendable que el chaleco tenga cuello para mayor comodidad, bolsillos verticales sin cremallera y con goma de ajuste en la entrada de los bolsillos, que deberán ser amplios para facilitar el acceso rápido a las cajas de moscas. Además, es útil que cuente con ojales en la parte inferior de todos los bolsillos, porque si las cajas no son estancas, en la mayoría de las ocasiones en las que nos resbalemos entrará agua, y hay que tener en cuenta que las cajas están más tiempo en contacto con el agua dentro del bolsillo debido al lento vaciado. En cuanto al color, se recomienda seguir la misma línea de discreción mencionada para la gorra.

Vadeadores

El vadeador es una de las piezas más importantes del equipo y debe ser cómodo. Debe ser ligero, un poco amplio, no restringir el movimiento al levantar la pierna para subir una piedra y ser transpirable. Idealmente, también debe ser resistente a los pinchazos, ya que las zarzas y la maleza de las orillas pondrán a prueba su durabilidad. Desde hace tiempo, he recomendado el uso de buenos escarpines para pescar. Personalmente, utilizo un sistema en capas: primero un calcetín fino, luego el escarpín bien ajustado y por último un calcetín más alto que cubra el escarpín. Este método protege el escarpín de las pequeñas piedras que puedan entrar en las botas, lo que ayuda a retrasar su desgaste. Es importante asegurarse de que el escarpín esté en buen estado, sin roturas, ya que si entra agua por un punto que no sea la parte superior, no se creará la película de agua necesaria para calentar el pie. Al principio, la sensación del agua fría puede resultar incómoda, pero después de unos minutos, el agua atrapada dentro se calienta con la temperatura corporal y el pie se mantiene abrigado. Así, el agua no vuelve a entrar y se puede disfrutar mucho más de la jornada de pesca, sin la incomodidad que a veces generan las *wader*.

Botas de vadeo

Las botas deben ser cómodas, resistentes al desgaste y, lo más importante, deben ofrecer un buen agarre. Hay muchas botas que, en fondos con algas o limo, se vuelven resbaladizas como una pista de patinaje. Podemos considerar el agregar clavos o semicadenas para mejorar el agarre, pero hay que tener cuidado al pisar piedras fuera del agua, ya que estos accesorios pueden aumentar el riesgo de resbalones.

Riñonera

La riñonera es un complemento muy útil, especialmente para quienes hemos trabajado en oficios físicamente exigentes durante muchos años. Proporciona comodidad, sujeción a la espalda y descanso. Si eres joven y tienes una espalda fuerte, probablemente no necesites una riñonera, ya que puede impedir el desarrollo muscular.

NOS PONEMOS EN ACCIÓN

Cómo coger la caña

Este punto sobre cómo sujetar la caña es, en mi opinión, uno de los temas más conflictivos que abordaré en este libro, a pesar de ser uno de los aspectos más importantes para la pesca con mosca seca.

Curiosamente, los pescadores que nunca han practicado otras modalidades como pescar con cucharilla, con corcho, a la espera o con señuelos suelen aprender a lanzar mejor y en menos tiempo. Esto se debe a que no tienen hábitos adquiridos de otras disciplinas, donde ciertos movimientos son normales, pero en la pesca con mosca resultan incorrectos.

En vídeos de Internet, tutoriales e incluso en películas, se observa que los pescadores no siempre sujetan la caña de la misma manera. Sin embargo, el noventa por ciento de los pescadores utilizan uno de estos tres agarres: el agarre de gatillo, el agarre de tres puntos o el agarre con el índice hacia arriba.

El agarre de gatillo

En el primer caso, en «el agarre de gatillo», la caña debe descansar en la mitad del dedo índice, mientras que los otros tres dedos rodean la empuñadura por la parte inferior del corcho. El dedo pulgar se apoya en la parte superior de la empuñadura, ligeramente adelantado pero siempre alineado con el dedo índice. Este agarre, que siempre he empleado, especialmente para la pesca con mosca seca, me parece más fuerte, cómodo, ágil y rápido para secar la mosca y realizar los lances.

Agarre de gatillo

Agarre de tres puntos

El segundo agarre, conocido como «agarre de tres puntos», coloca el pulgar a la izquierda de la empuñadura, el índice un poco hacia la derecha y los tres dedos restantes rodean la empuñadura por la parte inferior. Este método se utiliza frecuentemente para la pesca con perdigón, tanto al hilo como con cola de rata, ya que no requiere tanta fuerza como en la mosca seca.

Agarre con el índice arriba

El tercer agarre, que considero el menos eficaz, consiste en colocar el dedo índice completamente sobre la parte superior del corcho, mientras que el resto de los dedos sujetan la caña por debajo.

Este agarre también lo empleaba cuando competía, porque algunos afirmaban que era la panacea por las ventajas que aportaba al lance. Lo intenté en varias ocasiones;

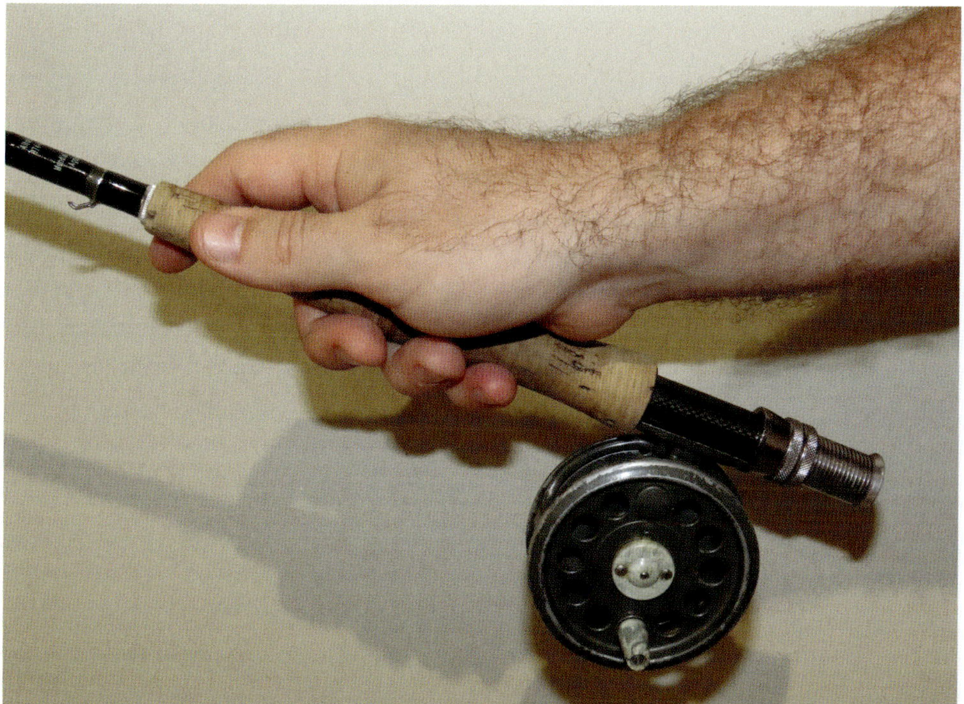

Agarre de tres puntos

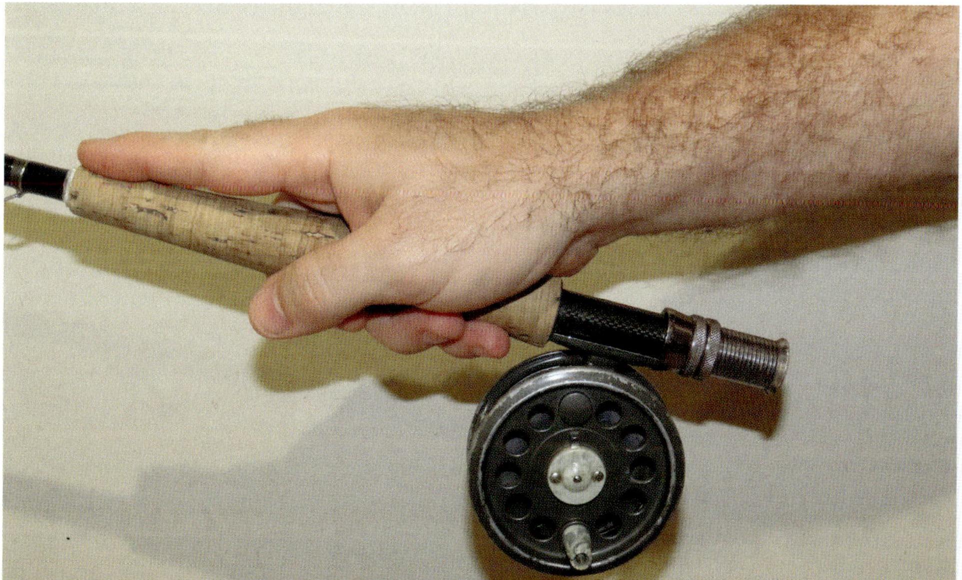

Agarre con el índice arriba

sin embargo, cuando comprobé sus carencias en la pesca a mosca seca, lo descarté por completo y, por supuesto, no lo recomiendo por varios motivos que ahora analizamos.

Qué agarre es el más apropiado y según para qué

Al analizar estas tres maneras de sujetar la caña, la primera posición me parece la más natural. Es similar a dar la mano a un buen amigo o a sujetar el mango de un martillo para golpear. En esta posición, el pulgar y el índice forman una pinza que proporciona una sujeción firme, reduciendo las vibraciones de la caña en cada parada, lo que se traduce en mayor precisión, potencia y alcance.

Más adelante, abordaré la importancia de las paradas en la técnica de pesca. Estoy convencido de que si las empuñaduras de las cañas estuvieran diseñadas para ser sujetadas de una manera diferente, su forma y base serían distintas.

Diferencias de los tres agarres

Tanto en el agarre de tres puntos como en el agarre con el índice arriba, si mido la longitud de mi mano sobre la empuñadura de la caña, observo que son dieciocho centímetros y medio. En el agarre de gatillo, esta distancia se reduce a catorce centímetros y medio.

¿Qué significa esto? Este aumento de casi un veinte por ciento en el contacto entre la mano y la empuñadura nos proporciona sin duda una mayor precisión, ya que, al tener más puntos de contacto con el corcho, se acentúa el sentido de puntería y se logran resultados más precisos al mover la caña.

Entonces, ¿por qué no recomiendo ninguna de estas dos posiciones para pescar a mosca seca? Porque, aunque ofrecen un poco más de precisión en distancias cortas y

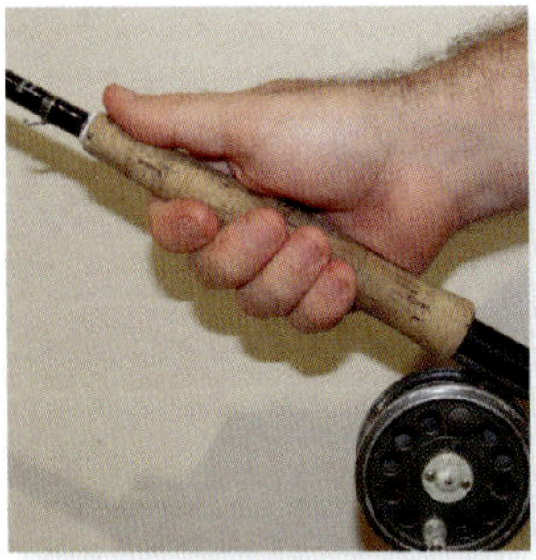

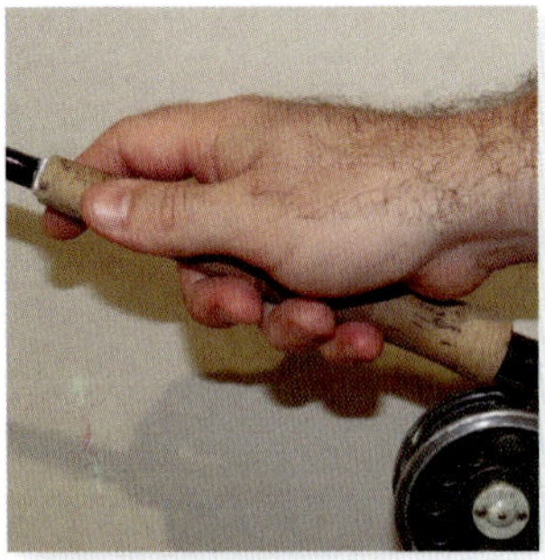

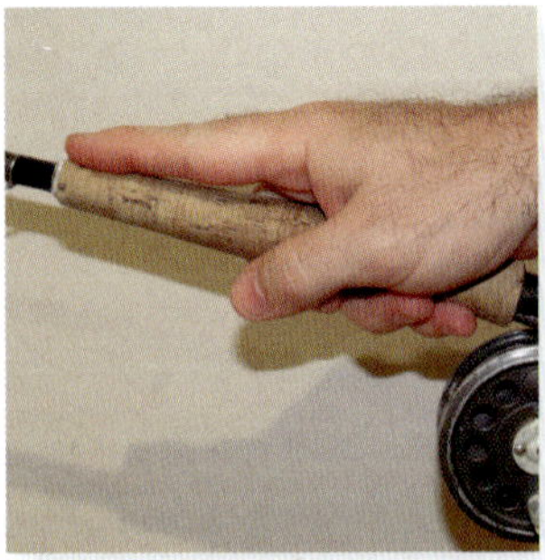

que no tengamos que secar nuestro señuelo, esa es prácticamente la única ventaja que aportan frente a la potencia y el control de movimiento entre nuestro esfuerzo y el balanceo de la caña. En la pesca con tándem al hilo o perdigones, si uno se siente más cómodo es aceptable, pero en ningún caso a mosca seca.

Profundicemos más en el modo de agarre

Si tomamos la caña en las tres posiciones mencionadas, notaremos que el agarre de gatillo es el que ofrece la mayor libertad de movimiento para girar la muñeca en cualquier dirección. En las otras dos posiciones, experimentamos una limitación lógica y natural debido a la anatomía de nuestros huesos y tendones. Podría decirse que pasamos de pescar en tres dimensiones a dos.

A algunos de mis alumnos les he recomendado pescar con el dedo índice arriba cuando tendían a bajar demasiado la caña hacia atrás, haciendo que la cola de rata golpeara el suelo. Sin embargo, una vez corregido ese defecto, suelen volver a la posición con el pulgar arriba.

Otra ventaja significativa del agarre de gatillo es que nos permite sostener la caña unos cuatro centímetros más arriba, lo que hace que el pulgar equilibre mejor el contrapeso entre la caña y el carrete, facilitando así el manejo del equipo.

Por ejemplo, si montamos el carrete con su cola de rata en la caña, extendemos el dedo índice completamente en posición horizontal y colocamos la caña transversalmente sobre él hasta que se mantenga en equilibrio, notaremos que el dedo está cerca del final del corcho, a un centímetro arriba o abajo del punto central del peso equilibrado de nuestro equipo.

Este equilibrio, combinado con la mayor potencia que proporciona esta posición de la mano, nos permitirá pescar durante más horas con máxima precisión y menos esfuerzo.

Voy a dar un ejemplo de la importancia del equilibrio de peso entre la mano, la caña y el carrete. Imagina que tomas un palo de unos dos metros de largo y entre cinco y ocho centímetros de diámetro. Si lo agarras por una de las puntas e intentas manejarlo como si estuvieras pescando, notarás de inmediato el esfuerzo que requiere tu brazo. Pero si lo sostienes justo por el centro y lo mueves como si fuera una caña de pescar, percibirás la importancia de tener un equilibrio adecuado de peso tanto por encima como por debajo de la mano.

Otro ejemplo que ilustra bien este concepto es el de un equipo de música. Si queremos instalar un buen equipo de sonido en un coche, con cinco vatios de potencia sería suficiente, porque a uno y medio o dos vatios funcionará de manera óptima al treinta y cinco por ciento de su capacidad. En el caso de un equipo de música para una casa, un sistema de sonido ambiental, con veinticinco vatios sería más que suficiente, y con ocho o diez vatios ya obtendríamos un sonido agradable. Sin embargo, en una sala de fiestas o una discoteca, probablemente necesitemos quinientos vatios para disfrutar de la música al treinta por ciento de su capacidad y obtener un resultado ideal.

Estos ejemplos demuestran que los equipos suelen estar sobredimensionados para que, cuando utilicemos la potencia que necesitamos, logremos la máxima calidad de sonido sin que el equipo sufra. De manera similar, cuanto mejor sea el agarre de la caña y mayor sea nuestra fuerza, menos esfuerzo necesitaremos hacer. Esto se traduce en mayor comodidad, potencia, rapidez y precisión en cada lance.

Factores importantes en el desempeño del lanzado

No cabe duda de que sobre el lance se han escrito miles de libros y por ende ríos de tinta. La base del lanzado se resume en cinco elementos clave: ritmo, ángulos, velocidad, potencia y parada. Sin embargo, me gustaría profundizar en el tema para que se comprendan bien los movimientos de la caña, el vuelo de la cola de rata y por qué en algunas ocasiones debe ser más lento o más rápido. Vamos a despejar esas dudas.

¿Qué hay que hacer, cómo se hace y por qué?

Recomiendo comenzar a practicar el lanzado en un polideportivo, un campo de fútbol con césped o incluso en la hierba corta de tu jardín, si dispones de suficiente espacio. Esto es beneficioso por varios motivos: al final de cada tanda de lances, podrás posar la cola de rata en el suelo y observar el resultado real sin que bajo la línea el agua lo modifique. La forma en que la cola de rata quede sobre el césped estará directamente relacionada con el movimiento de tu caña. Además, el césped protege la cola de rata, evitando el desgaste que podría causarle el roce con hormigón, piedras, tierra o ramas. Otro beneficio es que puedes elegir un lugar sin obstáculos, tanto delante como detrás, lo que facilitará sin duda tu aprendizaje inicial.

Aproximadamente el sesenta por ciento de los pescadores que observo en los ríos, ya sean principiantes, participantes en cursillos o incluso aquellos en categorías avanzadas que desean perfeccionar su lance en seco, suelen cometer un error común: la diferencia en el ritmo y la parada, siendo el movimiento delantero distinto del trasero.

Normalmente, en el movimiento delantero, al poder verlo, dejamos que la cola de rata se estire más, pero al volver hacia atrás, como no la vemos, iniciamos el lance hacia adelante antes de tiempo, lo que provoca un lance descompensado.

Para corregir esto, hay un ejercicio, sencillo pero fundamental, que terminé desarrollando para los niños pequeños cuando ingresaban en la escuela de pesca por su similitud a ver un partido de tenis; lo llamo el «lance del tenista». Este ejercicio es excelente para coordinar los movimientos del brazo, igualando el vuelo de la cola tanto hacia adelante como hacia atrás, mejorando el ritmo, la velocidad y la altura de la cola sobre el suelo.

Entrenamiento: lance del tenista

Este ejercicio se realiza con las piernas ligeramente separadas, paralelas al cuerpo, buscando una postura cómoda. Sacaremos unos cinco metros de cola de rata y, paralelamente a nosotros, sujetaremos la cola de rata con la mano izquierda fuerte para que no corra. Comenzaremos a mover la caña de derecha a izquierda. Lo más importante en este ejercicio es que no dejaremos de ver nuestra cola de rata en el aire. Cuando la cola de rata se estire completamente hacia un lado, giraremos rápidamente el cuello hacia el otro lado, esperando ver el vuelo de esta e intentando imitar la misma figura en ambos lados.

Una vez que dominemos este ejercicio, asegurándonos de que la cola de rata se estira completamente en ambos lados y manteniendo su horizontalidad, tras unos cuantos movimientos, si somos diestros, justo cuando lancemos hacia la derecha, giraremos el cuerpo unos grados al mismo tiempo que giramos la cabeza hacia la izquierda. Repetiremos este movimiento, girando poco a poco nuestro cuerpo, pero sin dejar de ver la cola de rata a ambos lados. Cuando nuestro cuerpo esté alineado con nuestro lance, es decir, a noventa grados de como empezamos, dejaremos de mirar la cola de rata hacia tras; trascurridos dos o tres falsos lances posaremos la cola en la hierba. Si somos zurdos, comenzaremos a girar justo cuando nuestro lance se estire a nuestro lado izquierdo.

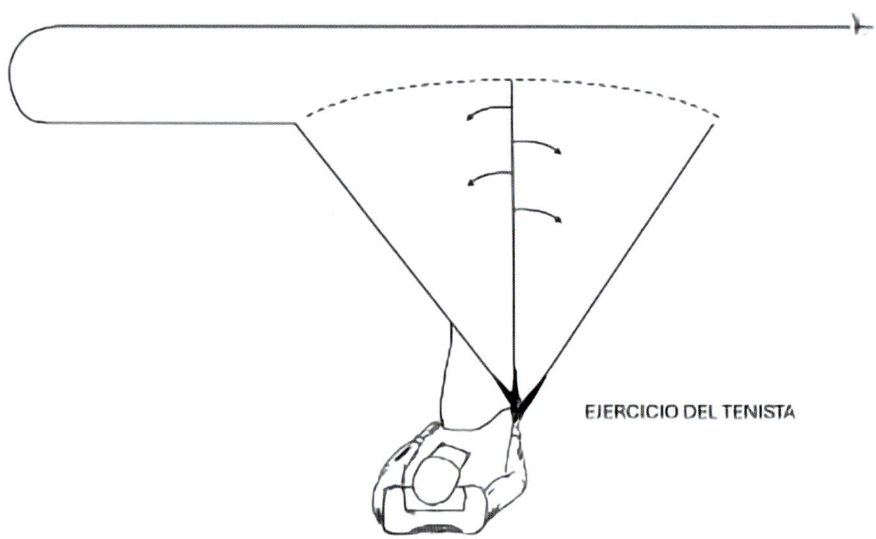

Este ejercicio debe repetirse una y otra vez hasta que logremos la perfección en el conjunto: ritmo, velocidad y precisión en ambos lados. Luego, sacaremos un metro más de cola de rata y repetiremos el ejercicio. Cada vez que consigamos un vuelo perfecto con una distancia mayor, continuaremos aumentando la longitud, metro a metro, hasta controlar entre diez y quince metros de cola de rata.

Importancia del *loop* en el lanzado y técnicas de pesca

El diámetro de la curva que dibuja nuestra cola de rata en el aire se denomina *loop* y controlarlo es crucial para saber hacer en todo momento una buena presentación y penetración en el aire. El *loop* más apropiado para cada técnica de pesca puede ser más amplio o más estrecho, dependiendo del movimiento de la caña, del ritmo y la velocidad que imprimamos a nuestro equipo. El diámetro del *loop* se determina exactamente por la diferencia entre el punto inferior y el punto superior de la punta de la caña respecto al suelo durante el recorrido de lanzado, junto con la velocidad aplicada.

Es importante destacar que no debemos obsesionarnos con lograr un *loop* perfecto. Aunque en muchos libros y artículos se recomienda que el *loop* sea cerrado y preciso, en la mayoría de los casos no es necesario que sea así. Un *loop* cerrado tiene

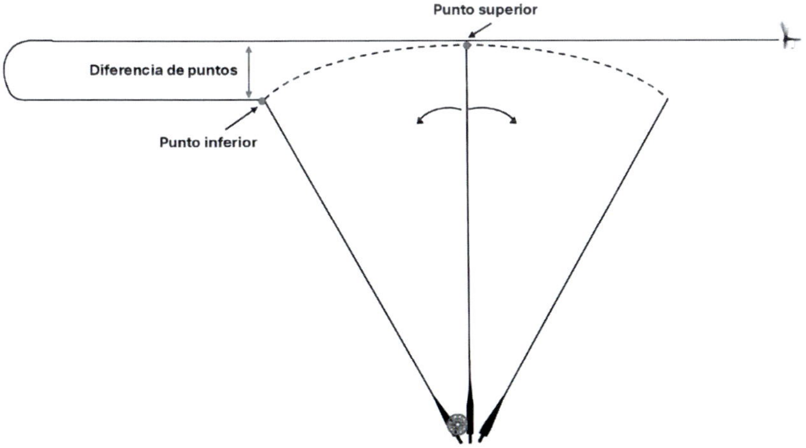

El loop *en nuestra cola de rata nace de las diferencias superior e inferior de nuestra caña con respecto al suelo. Con la velocidad suficiente para mantener nuestra colade rata tensa en el aire.*

pocas variantes y limita los giros en posadas con curvas, lo que puede dificultar la navegación de la mosca en algunas situaciones.

Un ejemplo de esto ocurrió en el Campeonato del Mundo en Irlanda, en 1995. Un competidor español me comentó que allí se hablaba el inglés más puro, pero que con cualquier otro tipo de inglés se podía entender perfectamente. Esto ilustra que, aunque nuestro *loop* no sea perfecto, si cumple con los requisitos básicos para evitar el dragado[1] de nuestra mosca, será efectivo. La pureza del lance es algo que pocos habilidosos dominan, por lo que no debemos obsesionarnos con la perfección. En su lugar, debemos enfocarnos en alcanzar un nivel de competencia que nos permita disfrutar y ser eficaces en nuestra pesca, ajustando nuestras expectativas según nuestras habilidades y experiencia.

El loop en la técnica del tándem

Una de las modalidades más efectivas de pesca es la técnica del tándem, ya sea con cola de rata o al hilo. En este caso, nuestras moscas secas serán un poco más grandes y voluminosas de lo normal, ya que tendrán que soportar una pequeña ninfa colgando debajo de ellas. También se pueden usar moscas en *parachute*[2]. En esta técnica, el *loop* debe ser más abierto, más amplio y ejecutado con menos velocidad, utilizando el mínimo de falsos lances.

Este sistema es ideal para pescadores noveles, ya que ofrece una doble ventaja: mientras la mosca seca flota en la superficie, la ninfa cuelga libremente, lo que le permite una navegación muy natural. Aunque la ninfa no esté tensa y cuelgue de la mosca seca, actuará como un pequeño ancla, manteniendo la mosca seca en posición y reduciendo el dragado.

Tardé años en utilizar esta técnica. Cuando comencé, la pesca con mosca era un misterio reservado para unos pocos, y quienes conocían los secretos rara vez los compartían. En ese entonces, la pesca tradicional en la zona era con cebo o cucharilla, y a los pescadores de mosca los veíamos como en un nivel superior, por su habilidad para imitar insectos y lanzar sin un carrete tradicional.

---

1 Dragado se dice cuando la mosca se conduce a una velocidad diferente del punto del agua en donde se encuentre, proporcionando un «rayado» sobre la lámina del agua que indica a la trucha el engaño.

2 *Parachute* es una palabra de origen francés españolizada que viene a decir «paracaídas» y hace referencia a las moscas secas que hacen uso de un montaje sobre un poste que se sujeta perpendicular al abdomen de la imitación o tija del anzuelo, un raquis de pluma colgadera o CDC, forma como se aprecia un plano paralelo a la lámina del agua. Tiene como ventaja principal que no riza el bajo después de varios lances.

En muchas ocasiones, pescadores expertos me decían que, al pescar en tándem, ni la mosca seca ni la ninfa eran efectivas, porque una interfería con la otra. Esto es completamente falso. Con el tiempo, entendí que hablaban así para mantener su superioridad, y porque nunca habían probado esta técnica. Aquellos que realmente la practicaban solían guardar silencio, para no revelar su «gallina de los huevos de oro».

Gracias a la competición, en el Máster de Campeones de Cantabria, observé a un pescador francés manejando el tándem con maestría, lo que lo llevó a la final sin esfuerzo. A partir de ese momento, comencé a aplicar esta técnica en las aguas más adecuadas, y recomiendo este sistema por su efectividad, especialmente para los que recién comienzan.

Dominio del loop y variantes en el lanzado

Saber lanzar nuestra línea con un buen *loop* y dominar las variantes de posadas y correcciones en el vuelo de la línea es crucial. No importa cuán buena sea nuestra mosca o equipo, si no sabemos volar correctamente la cola de rata, nuestros éxitos se reducirán al mínimo. Lograr una buena presentación en el agua, haciendo que nuestra mosca artificial navegue como si fuera una mosca natural y libre, es una de las sensaciones más gratificantes en la pesca, y está directamente relacionada con nuestra progresión en el río.

Entrenamiento y perfección

Un ejercicio que recomiendo encarecidamente es el «lance del tenista». Una vez perfeccionada la coordinación en ambos sentidos, deberíamos practicar el lance con la cola de rata en ambos lados de nuestro cuerpo, tanto a la derecha como a la izquierda. Aunque ser ambidiestro sería ideal, lo normal es que seamos diestros o zurdos.

Si somos diestros, tras realizar los lances deseados a nuestra derecha, para cambiar de lado, lanzaremos llevando la caña sobre nuestro hombro izquierdo, cambiando así el ángulo de entrada al río, también haremos lo mismo por encima de nuestra cabeza. Este ejercicio es crucial para pescar a ambos lados del río sin desplazarnos y así evitar

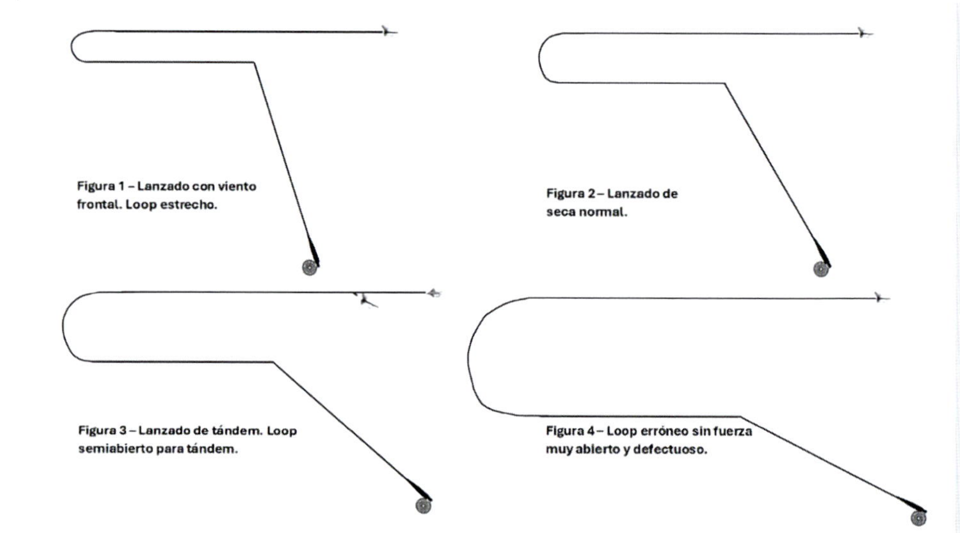

Figura 1 - Lanzado con viento frontal. Loop estrecho.

Figura 2 - Lanzado de seca normal.

Figura 3 - Lanzado de tándem. Loop semiabierto para tándem.

Figura 4 - Loop erróneo sin fuerza muy abierto y defectuoso.

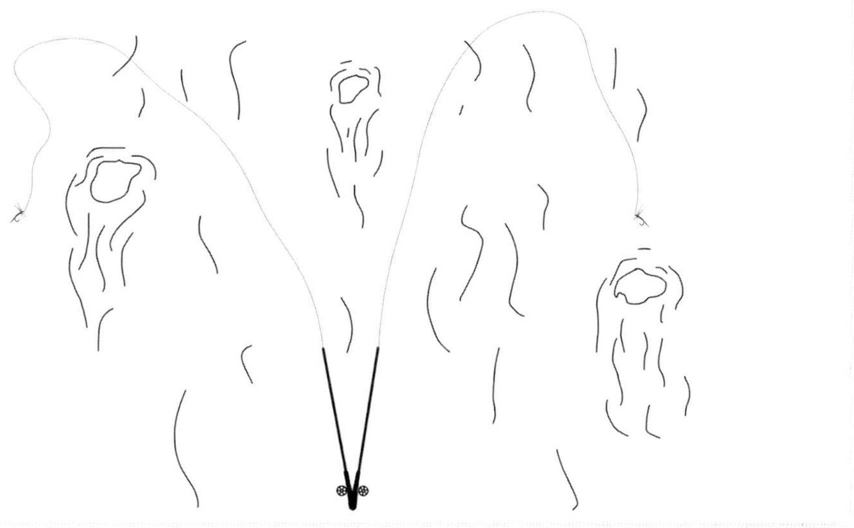

el dragado de nuestra mosca en situaciones complicadas, como corrientes transversales, remolinos o corrientes que van río arriba debido a obstáculos como piedras.

Cuando dominemos la técnica de la curva o compensación, podremos dirigir el *loop* hacia el lado correcto incluso pescando a noventa grados aguas arriba. Controlar el lance con la curva necesaria, según el recorrido, es la esencia misma de la pesca con mosca.

En resumen, la perfección en el lance es un objetivo admirable, pero lo más importante es encontrar satisfacción en el progreso personal y disfrutar del proceso. La combinación de práctica, conocimiento y experiencia es lo que nos llevará a dominar este arte, y, al final, la clave es imitar la vida misma en una mosca atada como si navegase libre, en cada lance, para engañar a la trucha y disfrutar de una pesca exitosa.

Errores comunes en el lance

Existen errores comunes y normales entre aquellos que se inician en la pesca con cola de rata tras haber adquirido su equipo. Algunos de estos errores, una vez arraigados por la costumbre, pueden ser muy difíciles de corregir con el tiempo. A continuación, se mencionan algunos de los más frecuentes:

— Sujetar incorrectamente la caña.

— Bajar la caña demasiado hacia atrás.

— No desarrollar progresivamente la fuerza del brazo durante el lance.
— No mantener el ritmo adecuado con la cola de rata en el aire.
— Variar el tiempo de espera entre el lance hacia adelante y hacia atrás.
— No permitir que la línea se extienda completamente hacia ambos lados.
— Realizar una parada incorrecta al posar la línea con respecto a la distancia entre la punta de la caña y el agua.
— Golpear el agua con la línea al hacer el lance final.
— Lanzar en eclipse (sin control sobre la línea).
— Utilizar más línea de la necesaria para la distancia que se está pescando.
— Lanzar con el carrete girado hacia un lado.

Este último error, en particular, compromete toda la tecnificación que la caña ofrece, ya que, al girar lateralmente, se pierde la correcta acción de la espina dorsal del *blank*, que es algo en lo que los artesanos ponen mucho empeño durante la fabricación. Este detalle es clave para obtener todas las propiedades de la caña.

Asimismo, no dejar que la línea se extienda completamente en ambos lados del lance es crucial. Si no dominamos esta técnica, será muy difícil controlar el bajo de línea para que pose en el agua con la curva deseada. En la acción de lanzar, no debe haber ni exceso ni falta de línea para lograr una presentación perfecta.

Consejos para principiantes en la acción de pesca

— Intenta que los peces solo se percaten de tu presencia una vez estén enganchados en el anzuelo.
— Usa el bajo de línea más largo que puedas controlar cómodamente.
— Escoge el mejor ángulo posible para lograr una presentación sencilla y con mayor recorrido.
— Procura situarte en el «ángulo muerto» de los peces para evitar que te vean.
— Realiza los movimientos del lance de forma natural, ajustando tu cuerpo a la situación.
— Viste ropa discreta, preferiblemente en tonos neutros, y no olvides usar gorra o sombrero, además de gafas polarizadas.
— Utiliza el hilo más resistente que las truchas permitan sin comprometer la naturalidad del lance.
— Pescar en grupo o participar en competiciones acelera el aprendizaje mucho más que hacerlo solo.

EJERCICIOS EN EL RÍO

Ejercicios para mejorar el lanzado en el río

Uno de los ejercicios esenciales que debemos practicar en el río, y que nos ayudará a entender el dragado de la mosca en diferentes ángulos, será, a ser posible, desde la posición de una corriente media y uniforme.

Para comenzar, debemos posicionarnos en el centro del río y lanzar la línea verticalmente aguas arriba, imaginando que estamos viendo un reloj. Iniciamos el ejercicio lanzando a las doce en punto —siempre con lances tensos, sin curvas—, observando cómo nuestra cola de rata y la mosca descienden rectas, sin ningún ángulo de deriva hacia nosotros. En esta posición, difícilmente notaremos un dragado significativo. Siempre lanzando en corto, iremos progresivamente desplazando el lance hacia un lado y hacia el otro, es decir, a la una y a las once en nuestro reloj imaginario.

A medida que ampliamos el abanico de lanzamientos, practicando desde las posiciones de las dos y las diez, y especialmente desde las tres y las nueve, observaremos que es en estos ángulos donde más se evidencia el dragado de la mosca. Al lanzar en ángulo recto respecto a la dirección de la corriente, es decir, desde las nueve y las tres, el dragado se hace más notorio.

Existen varias razones por las que comienza el dragado de la mosca, pero las dos principales son:

1. Las diferentes velocidades dentro de una misma corriente.
2. La forma natural en la que realizamos el lance.

Cuando lanzamos a cualquier distancia, debemos tener en cuenta que en un extremo del bajo está nuestra mosca y en el otro, la punta de nuestra caña. Durante la acción de pesca, es necesario recoger la cola de rata a la velocidad que la corriente permita. Sin embargo, si no lo hacemos de la manera adecuada, la mosca empezará a dragar o rayar sobre la superficie.

Es fundamental no movernos mientras recogemos la cola de rata, manteniendo la atención tanto en la mosca como en la punta de la caña. Aunque acompañemos algunos centímetros el recorrido del lance, este será menor que el recorrido de la mosca. Esto ocurre porque la corriente empuja diferentes partes de nuestra línea de manera desigual, haciendo que la línea se estire.

Para entenderlo mejor, veamos un ejemplo sencillo: al lanzar en cualquier dirección dentro de una corriente regular, justo antes de que la mosca se pose sobre el agua, bajamos la caña casi hasta tocar la superficie. Al hacerlo, permitimos que el equipo

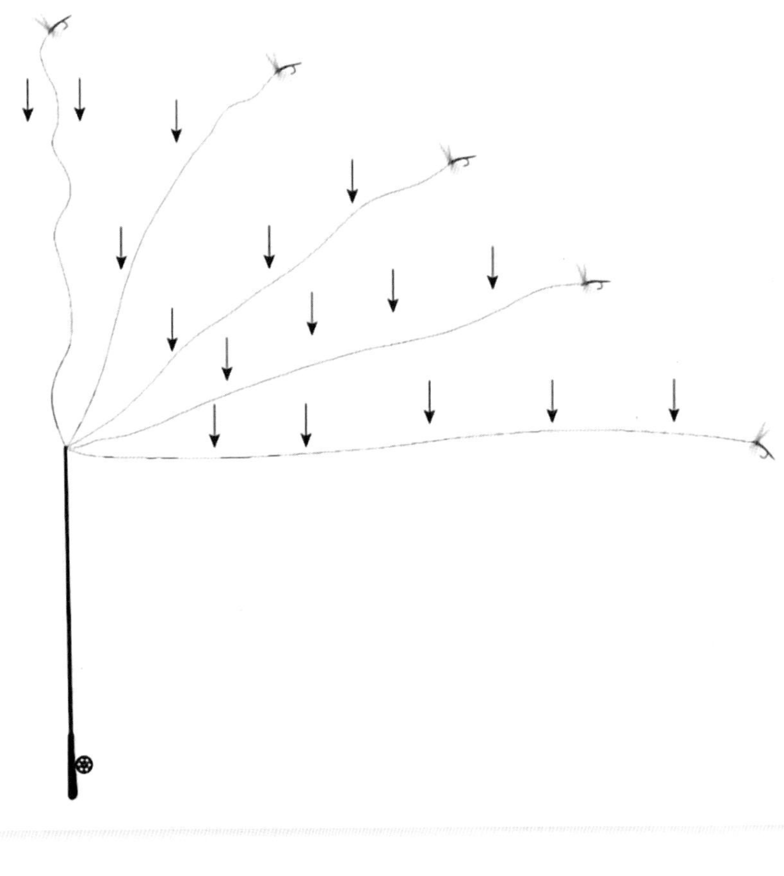

Ángulos de dragado de la mosca

siga la misma velocidad del agua río abajo. Veremos que la mosca realiza su recorrido sin dragar y que este se extiende en tiempo y espacio porque ninguna de las puntas (la caña o la mosca) está estática.

Este es uno de los motivos por los que es tan importante la compensación en el bajo, para que el lance sea eficiente y natural.

¿Y esto qué nos indica? Que el ángulo que elijamos en el río respecto al pez es fundamental. Para la presentación de la mosca seca, algunos ángulos facilitan la captura de truchas porque permiten que la mosca recorra una mayor distancia antes de ser arrastrada. Hay ángulos más complicados, pero si sabemos darle la curva correcta al lance, podremos capturar esas truchas que se resisten a la mayoría de los pescadores.

Si el ángulo con el que pescamos y la curva del lance son los correctos, no solo obtendremos una mayor distancia en nuestra presentación, sino que también fallaremos menos subidas. Esto se debe a que la trucha tomará la mosca con más confianza, ya que su deriva parecerá mucho más natural. Además, podremos utilizar un tramo de hilo más largo, ya que la mosca será lo primero que el pez vea, sin que el hilo interfiera al estar delante.

Pesca en aguas de alta montaña

La pesca en alta montaña, como su nombre indica, se asocia con aguas bravas y rápidas. Es una modalidad de pesca muy divertida, llena de desafíos y posturas variadas, en la que la naturaleza nos muestra su lado más puro, con truchas que son especialmente rápidas. Esta pesca es ideal para principiantes, ya que los lances no son excesivamente largos, pero sí precisos.

En este entorno, nos vemos obligados a mantener un ritmo de pesca más elevado de lo habitual, lo que nos ayuda a desarrollar una gran precisión en la posada de la mosca. Dado que las aguas son más rápidas de lo normal, las truchas tienen menos tiempo para examinar la mosca antes de decidirse a morder, lo que nos permite utilizar una mayor variedad de imitaciones en un solo día, como moscas montadas en *parachute*, efémeras o emergentes.

La pesca en corto, que es la más efectiva en este tipo de aguas, nos ofrece la oportunidad de realizar cientos de lances, lo que a su vez entrena nuestro cuerpo y músculos para adaptarse a la rapidez y perfección en nuestros movimientos. Con el tiempo, estos movimientos se vuelven más mecánicos y sencillos, mejorando así nuestra técnica y aumentando nuestras probabilidades de éxito en la pesca.

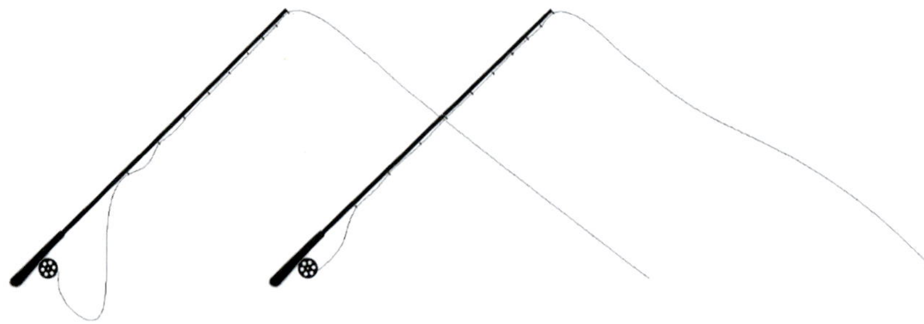

La caña, para pescar en corto, si no llevara una anilla adicional a cincuenta centímetros del talón para evitar la panza o el retroceso de la cola hacia el carrete por su propio peso, recomiendo que se instale algunas de las que se venden precisamente para eso en el mercado.

EL BAJO: EL ELEMENTO CLAVE PARA UNA BUENA PRESENTACIÓN

El bajo de línea ha sido siempre un componente fundamental para lograr una presentación adecuada y natural en la pesca. Muchos pescadores hemos experimentado con diferentes combinaciones y modificaciones, buscando mejorar la colocación de la mosca y acercarnos a la presentación perfecta. Durante años, yo mismo hice numerosos experimentos y terminé usando bajos cónicos de silicona, los cuales me funcionaban en aquel entonces.

En este libro, relato cómo conocí el bajo diseñado por Jordi Oliveras, gracias a mi hijo. Desde entonces, puedo afirmar que no he encontrado un bajo que responda tan fielmente a las órdenes de la caña. No estoy sugiriendo que solo con usar este bajo comiences automáticamente a pescar truchas al lanzarlo, como si fuera una caja mágica. Más bien, lo que digo es que este bajo es excepcionalmente fiel a la forma y velocidad que tú logres imprimir en tu lance, y permite una precisión a mayor distancia que otros modelos.

Este bajo tiene la capacidad de hacer que tu mosca atraviese el viento como un estilete o que aterrice suavemente sobre el agua, lo que resulta ideal para truchas acostumbradas a la pesca sin muerte. El bajo se compone de dos partes bien diferenciadas. Yo suelo añadirle una microanilla para facilitar su uso. La primera parte es la que genera la energía o el «motor» del bajo, mientras que la segunda está dedicada a la presentación de la mosca. Esta última se adapta mejor a las condiciones del río, la climatología, la sensibilidad de los peces e incluso las preferencias personales del pescador.

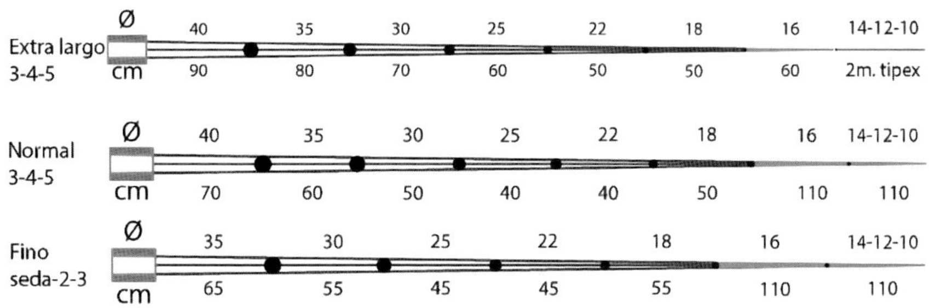

Esquema de la fabricación de los bajos. En la parte superior de los bajos se indica el diámetro del hilo y en la parte inferior, se indica la longitud del hilo.

Aprovechando la presentación de estos bajos de pesca, os contaré cómo conocí a Jordi Oliveras. Después de estas líneas dedicadas a él, comprenderéis por qué siempre he dicho que, a pesar de su estatura, es el más grande.

En el año 2001, en un campeonato celebrado en Cantabria, Jordi quedó campeón de España. En ese momento, conociendo las truchas cántabras, entendí que estábamos ante un pescador muy completo. ¿Quién era aquel pescador del que nadie había oído hablar?

Ese mismo año, unas semanas después, se celebraba en Huesca, en los cotos de Ansó Inferior y Ansó Superior, el selectivo para el Campeonato del Mundo de Francia 2002. Como entonces se podía pescar en esos cotos hasta el día antes del campeonato, Cosexcho y yo estábamos entrenando allí el fin de semana previo. Como de costumbre, yo llevaba una gran cesta repleta de comida: fiambres, latas, pan, un taco de jamón… todo para hacer tentempiés entre los horarios de pesca.

A mediodía, mientras bajábamos al refugio de pescadores para comer tranquilos, nos cruzamos con Josemaría Cros y Jordi Oliveras. Cros nos presentó a Jordi como un buen amigo suyo, y como Cros también era nuestro amigo, los animé a que comieran con nosotros y dieran cuenta del contenido de la cesta. Gustosamente aceptaron. Ya en el refugio, hablando de pesca, nos preguntaron si allí había poca densidad de truchas, pues habían estado pescando con ninfa y entre los dos apenas habían conseguido una o ninguna.

Nos sorprendió, ya que nosotros habíamos sacado más de una docena cada uno en la mañana y todas de tamaño de competición. Sin pensarlo dos veces, les dije a los tres: «No os preocupéis, ahora comemos y por la tarde uno de vosotros va con Cosexcho y el otro conmigo, así veréis cómo pescamos en este río».

Jordi Oliveras

Ellos pescaban muy bien, pero lo hacían demasiado largo para aquellas aguas. El resultado de aquel selectivo fue que Cosexcho, Jordi y yo formamos parte del equipo histórico que consiguió la primera medalla por equipos para España en un Campeonato del Mundo: Francia, 2002. Al año siguiente la volvimos a ganar aquí en España en 2003, ya con Cosexcho como capitán, el año en que yo me retiré.

Montaje de Jordi Olveras

Otro recuerdo de Jordi, relacionado con lo que trata este libro (la pesca con mosca seca), fue en el coto de Pinyana, en Huesca. Mientras preparábamos otro selectivo, le estaba mostrando la parte superior del coto y pescábamos una trucha cada uno con su caña. En un momento dado, cuando me tocaba a mí, tuve que hacer un lance curvo aguas arriba, colocando la línea en dos piedras con diferentes direcciones, para que la mosca quedara parada detrás de otra piedra semisumergida. Después de unos segundos aguantando la mosca en el sitio, Jordi me comentó: «Eso que has hecho, creía que solo lo hacía yo».

Pero su técnica más depurada es una de las más difíciles: la pesca a trucha vista. En una ocasión, pescando al alirón con Jordi, viví esta escena:

Jordi: «Debajo de esa rama, en la sombra, creo que he visto una trucha».

Yo miro y no veo nada.

Él insiste, mirando fijamente al sitio: «Sí, le he visto parte de la cola».

Yo le digo: «Jordi, pero hay mucha espuma blanca de los borbotones del agua».

Él responde: «Esperemos a que salga un poco hacia afuera».

Efectivamente, al poco rato, de debajo de aquellas ramas salió una trucha de más de tres cuartos de kilo a tomar una ninfa natural. Como os podéis imaginar, la siguiente ninfa que se desplazó hacia ella fue la de Jordi.

Es el último competidor de mi generación que aún sigue en primera línea. Siempre he dicho que es el mejor competidor que hemos tenido, representando a nuestro país durante muchos años, dentro y fuera de nuestras fronteras, con un comportamiento ejemplar, tanto en el río como fuera de él.

ESCENARIOS DE PESCA

NUESTRA GEOGRAFÍA Y CLIMA: LA INFLUENCIA EN LA PESCA CON MOSCA SECA

En Centroeuropa, la pesca aguas abajo está muy arraigada. Esto se debe a que los ríos que atraviesan varios países van perdiendo gradualmente su transparencia, lo que permite a los pescadores colocarse por encima de las truchas sin ser detectados, ya que las ondas en el agua se difuminan rápidamente por la corriente.

En cambio, en nuestra región, donde los ríos nacen y desembocan en el mar en pocos kilómetros (por ejemplo, en la cornisa cantábrica), las aguas son más cristalinas. Los ríos que atraviesan nuestra península, debido a la orografía, reciben aportes de numerosos barrancos con aguas transparentes. Esto ha llevado a desarrollar una técnica de pesca única, que consiste en pescar a mosca seca aguas arriba, para evitar que las truchas nos detecten y dejen de comer.

TÉCNICAS Y CONSEJOS PARA LA PESCA EN DIFERENTES ESCENARIOS

PRINCIPIOS GENERALES

En cualquier escenario o situación en el río durante una jornada de pesca, es fundamental intentar siempre situarse en el ángulo muerto de la visión del pez. Sin embargo, como en muchas ocasiones esto será imposible, es crucial que nuestros movimientos en el río sean lentos, silenciosos y, si es necesario, aún más lentos. La cautela es clave para no alertar a las truchas y aumentar nuestras posibilidades de éxito.

Pesca en corto en alta montaña

La pesca más efectiva en alta montaña es la denominada pesca en corto. Para esta modalidad, la caña juega un papel fundamental. La longitud y acción de la caña dependerán directamente de la vegetación en las orillas: si es densa o abierta, baja o alta. En ríos donde la vegetación es baja y el cauce está más abierto, podremos utilizar cañas más largas, ligeras y rápidas, que nos permitan pescar desde el centro del río hacia ambos lados.

Al pescar en corto, es esencial no llevar la caña hacia el hombro izquierdo o por encima de la cabeza, solamente tendremos que girar nuestro cuerpo si pescamos a la izquierda, ya que nuestro bajo apenas toca el agua. Con una caña de nueve a 9,6 pies, un metro de línea fuera de la caña y el bajo adecuado, lograremos posar la mosca en los huecos y corrientes que se presenten.

En esta técnica, tres lances son generalmente suficientes: el primero para sacar y secar la mosca, el segundo para controlar la distancia y dirección, y el tercero para realizar la posada con precisión. Aunque las aguas sean rápidas, debemos mantener un control sobre la dirección para evitar el dragado.

En arroyos de alta montaña con poca variación de caudal, donde la vegetación estrecha el cauce, es mejor optar por cañas cortas de siete a ocho pies, semirrápidas. En estos escenarios, la pesca será más horizontal, obligándonos a lanzar pegados a la orilla opuesta. En casos de vegetación densa, la pesca a tándem es muy efectiva, ya que la mosca seca va engrasada, eliminando la necesidad de falsos lances que podrían causar enganches en las ramas.

En ríos con vegetación cerrada, la técnica del lance en ballesta con el tándem permite colocar la mosca seca en agujeros donde la ninfa la retendrá el tiempo suficiente para provocar una picada. Aquí, los lances serán a corta distancia, con bajos curvos para evitar el dragado excesivo.

Pesca en aguas tendidas de llanura

La pesca en aguas tendidas de llanura es más tranquila y relajada. En estos escenarios, no necesitamos una caña tan rápida, puede ser una un poco más parabólica, especialmente útil para pescar truchas de mayor tamaño con hilos más finos. Las truchas en estos ríos suelen estar más habituadas a los pescadores, por lo que es fundamental que los montajes sean perfectos, sobre todo en tamaño, y adecuados para cada momento de la temporada.

Si optamos por la pesca en tándem, es importante dar la curva necesaria tanto a la línea como al bajo, para que los recorridos sean lo más largos posible. La mosca debe estar bien engrasada, ya que, en estos casos, la ninfa tirará directamente de la seca.

Aquí, un bajo largo es crucial, así como posadas suaves y lances de largo recorrido. Una caña de 9,6 pies, de alta calidad y ligera, será ideal para lanzar más lejos de lo habitual y alcanzar truchas que otros pescadores podrían pasar por alto. El bajo del tándem en estos casos tendrá un largo total desde la cola de rata de caña y media.

Pesca en aguas crecidas

Cuando un río está crecido, pero el agua sigue clara, las truchas se moverán cerca de la orilla, donde encuentran alimento arrastrado por la corriente. Aunque el río sea grande, la pesca en estas condiciones se asemeja mucho a la pesca en arroyos de alta montaña, con lances cortos y rápidos. El tándem también puede ser muy efectivo en estas circunstancias.

Pesca en aguas revueltas

En zonas con aguas revueltas, donde la corriente tiene múltiples direcciones, siempre quedan zonas muertas entre corrientes. La técnica más efectiva es dejar a la mosca

quieta en la superficie, solo apoyando en la película de agua, sin hilo en el agua que pueda tirar de ella. Levantando la caña para mantener la mosca inmóvil en el sitio, simulamos la vida de un insecto, lo que incitará a las truchas a subir.

Pescar en invierno

En invierno, al pescar en cotos o zonas de pesca intensiva, las horas centrales del día suelen ser las más propicias para la pesca con mosca seca. Las truchas, más lentas debido al frío, tienden a examinar la mosca con mayor detenimiento. En estos casos, es recomendable usar moscas de tonos discretos, acordes con lo que vuela en la zona. Aunque estas truchas suelen ser repobladas, no debemos subestimarlas, ya que pueden volverse muy esquivas después de algunos días en el río.

En cuanto a los equipos, los bajos y líneas serán los mismos que durante el resto de la temporada, ajustando solo el líder de la punta según las exigencias del momento.

La pesca en verano: variaciones y estrategias

La pesca durante los meses de verano puede variar significativamente según el escenario elegido y la región donde te encuentres. Aunque algunos pescadores puedan no estar de acuerdo con esta afirmación, especialmente considerando las diferencias geográficas, existen patrones generales que se pueden observar en muchos ríos.

Pesca en ríos de medio curso

En los ríos de medio curso, la actividad de las truchas comienza temprano, durante el sereno de la mañana. Incluso cuando no hay eclosiones visibles, las truchas suelen subir a comer moscas arrastradas por el agua. Estas moscas pueden estar vivas o, más comúnmente, ser restos de eclosiones del día anterior. En estas primeras horas, es común encontrar truchas de buen porte, ya que necesitan más alimento debido a su tamaño.

A medida que el sol sube y calienta el agua, la actividad de las truchas disminuye, volviendo a depender principalmente de las eclosiones esporádicas a lo largo del día. La tarde suele ser el momento en que el frenesí de los insectos y las truchas se reactiva, justo antes de la puesta del sol.

En algunas regiones, la pesca al sereno es una técnica popular durante el verano. Es una pesca tranquila, técnica y exigente, especialmente para la vista, pero gratificante debido a las capturas difíciles de engañar a plena luz del día.

Pesca en barrancos y cabeceras

La pesca en barrancos y cabeceras de ríos es generalmente más predecible en términos de horarios y comportamiento de las truchas. Durante las primeras horas de la mañana, las aguas frías suelen parecer desiertas, con poca o ninguna actividad en la superficie. Sin embargo, a medida que avanza la mañana, cerca del mediodía, las truchas comienzan a colocarse en puntos estratégicos, a pesar de la ausencia de eclosiones.

Este comportamiento, que podríamos llamar «de costumbre», se manifiesta cuando las truchas se posicionan delante de piedras o bolos que sobresalen del agua, aprovechando la corriente más suave alrededor de estos obstáculos. Este es un buen momento para pescar al agua con resultados satisfactorios, hasta que el calor del día se intensifica y las cigarras comienzan a cantar con fuerza.

Aunque las truchas pueden dejar de alimentarse durante las horas más calurosas del día (en los meses de verano), suelen retomar su actividad hacia las seis de la tarde,

repitiendo el comportamiento matutino. Esta actividad suele intensificarse con la puesta de sol, casi todos los días. En días nublados, la actividad en el río se prolonga considerablemente, acompañada de eclosiones más largas y continuas.

Estrategias y equipos

En estos escenarios, es recomendable usar moscas con un poco más de pluma o pato, por dos razones básicas: flotabilidad y visibilidad. Los montajes en *parachute* son especialmente efectivos y menos exigentes para la vista. No es necesario utilizar hilos extremadamente finos, ya que la velocidad del agua juega a nuestro favor, incluso si las aguas son transparentes.

Para estos ríos, es aconsejable usar cañas de tamaño medio, de ocho a nueve pies. Este tamaño es ideal por dos razones fundamentales. Primero, al enfrentarnos a mil posturas diferentes, la pesca es muy rápida, y un equipo ligero nos ayudará a evitar el cansancio en brazos y muñecas. Segundo, desde una perspectiva ética y técnica, una caña más corta nos obliga a realizar lances cruzados y con curvas de compensación, lo cual es más desafiante pero también más satisfactorio. Usar una caña larga simplemente para colocar el señuelo a punta de caña en cada postura elimina la esencia del lanzado, restando valor a la técnica y al arte de la pesca.

Pesca al sereno: estrategias y técnicas para maximizar resultados

La pesca al sereno es una de las modalidades más productivas cuando se trata de capturar truchas de gran tamaño. Sin embargo, su efectividad no siempre está garantizada y los resultados pueden ser impredecibles. Hay días en los que, a pesar de ver muchas truchas en postura, estas no suben a la superficie, mientras que, en otras ocasiones, el río parece hervir de actividad sin que se logre ver qué están comiendo las truchas. Aunque los meses de junio a agosto son los más favorables para esta modalidad, factores como la climatología y la altitud también juegan un papel crucial.

Equipamiento y técnicas

Esta modalidad cuenta con numerosos adeptos, ya que es una pesca relajante y tranquila que no requiere madrugar, permitiendo disfrutar del entorno sin prisas. Las cañas que se utilizan suelen ser algo potentes, para facilitar presentaciones a distancia. Es importante utilizar colas ligeras para evitar que el impacto del lanzamiento en el agua delate nuestra presencia, y los bajos deben ser lo más largos posible, con el fin de separar la mosca de la línea y minimizar cualquier perturbación en el agua.

Los hilos deben ser finos y de alta calidad, ya que probablemente tendremos que llevarlos al límite de su resistencia. Las moscas empleadas son generalmente más pequeñas de lo habitual, pero deben ser visibles, ya que la luz comienza a disminuir a medida que avanza la tarde. Otro punto crucial en esta modalidad es evitar la creación de ondas en las tablas, ya que estas pueden alertar a las truchas.

Cómo evitar ondas en las tablas

En una ocasión, durante un selectivo en León, un pescador experimentado observó cómo una media docena de truchas se cebaban activamente. Sin embargo, al entrar al río por detrás y lanzar su mosca, las truchas dejaron de subir tanto por su señuelo como por las moscas naturales. Después de varios intentos fallidos, decidió abandonar la postura, convencido de que las truchas «veían» el hilo en el aire.

Este incidente subraya la importancia de la discreción y la lentitud de movimientos. Para evitar generar ondas que alerten a las truchas, es fundamental vadear el río con cuidado. Si la profundidad del agua es de hasta treinta centímetros, se debe evitar arrastrar el pie. En lugar de ello, se debe levantar el pie de punta, sacarlo del agua y volver a introducirlo lentamente, como si se estuviera pisando cristales. Este método

minimiza las ondas y evita espantar alevines, los cuales pueden alertar a las truchas de la presencia de un peligro inminente.

Si la tabla es más profunda, lo que genera ondas es la velocidad con la que nuestro cuerpo empuja el agua en contra de la corriente. En este caso, los pasos deben ser igualmente lentos y discretos. Si las truchas dejan de subir al detectarnos, lo mejor es permanecer quietos y esperar a que se calmen antes de lanzar la mosca nuevamente.

Posicionamiento y técnica de lanzado

El orden en el que pescamos las truchas también es crucial. Si hay varias truchas en una misma tabla, debemos pescar de atrás hacia adelante para evitar espantar a las que están más adelantadas. En situaciones donde las truchas están muy cerca unas de otras, la mosca debe lanzarse hacia un lado, evitando pasar por encima de otras truchas, para que no invadan el territorio de la trucha objetivo.

Una vez que una trucha de buen tamaño pica, la clave es levantar su cabeza para que se desoriente, lo cual aumenta las posibilidades de éxito. Si pescamos con hilos muy finos y no podemos forzarlas, la trucha podría orientarse rápidamente y arrancar, poniendo en riesgo nuestra captura.

Soluciones prácticas para vadear tablas

En algunas tablas, el uso de vegetación flotante, como ocas, puede ayudar a amortiguar nuestras ondas. También es recomendable intentar caminar por fuera del río, ingresando solo cuando estemos listos para lanzar la mosca. Si llevamos un buen vadeador que aísle del frío, otra técnica efectiva es ingresar al agua antes de que las truchas comiencen a subir, permaneciendo inmóviles como si se tratara de una espera de jabalíes.

Finalmente, la mejor técnica para evitar ondas es, sin duda, no pisar el agua. Las ondas siempre estarán presentes, pero podemos mitigar su impacto si actuamos con la consciencia de que las truchas, en su medio, son expertas en detectar cualquier anomalía. Como decía mi abuelo: «En la guerra, cuando te crees más listo que el enemigo, ya estás muerto». En la pesca, las truchas son nuestras adversarias, y reconocer su astucia es el primer paso para tener éxito.

Una anécdota pescando al sereno

Hace algún tiempo, tuve la oportunidad de dar clases de pesca a una pareja que vivía en un pequeño pueblo de la montaña. Empezamos a pescar a mediodía con moscas secas, disfrutando de una jornada tranquila en el río Ésera. Conforme avanzaba la tarde, me preparé para el sereno, cambiando moscas y ajustando el bajo, ya que era un momento del día en el que esperaba más actividad.

A medida que el sol se ocultaba, las truchas comenzaron a atacar con fuerza al tricóptero, pero la luz iba desapareciendo rápidamente, y pronto me di cuenta de que apenas podía ver mi mosca, a pesar de que estaba diseñada con detalles de contraste. Sin embargo, Nora, la chica de la pareja, todavía podía seguir viéndola claramente. Le pedí que me avisara cuando una trucha tomara mi mosca, y así, con su ayuda, pude seguir clavando las truchas una tras otra. Yo lanzaba la mosca basándome en las ondas que veía romperse en la superficie, confiando en su guía para saber cuándo había picada.

Finalmente, la oscuridad se apoderó del río, y regresamos al coche junto con mi amigo Manolo, Nora y su novio. Nos despedimos y me puse en marcha rumbo a casa, un viaje de aproximadamente una hora. Al poco tiempo de conducir, noté que las luces de mi todoterreno no alumbraban la carretera como de costumbre. Fue entonces cuando me di cuenta de que aún llevaba puestas las gafas polarizadas, tan concentrado estaba en la pesca que había olvidado quitármelas. Paré el coche y llamé a mis compañeros para preguntarles si se habían dado cuenta del detalle, pero resultó que a ellos también les había pasado lo mismo. Estaban tan absortos en los peces y en los saltos en el agua, que no habían notado que aún las llevaba puestas.

En fin, son cosas que pasan cuando uno está tan sumergido en la pesca. Al final, la experiencia y las risas compartidas son lo que realmente importa.

El extraño milagro de pescar truchas grandes donde existen vertidos de residuos orgánicos

Creo que casi todos, cuando empezamos como pescadores novatos con poca experiencia, lo que más deseábamos era ver subir las truchas para lanzarles nuestra mosca y comprobar si éramos capaces de atraparlas. Ver truchas cebándose dependía, por lo general, de factores como las eclosiones, los horarios, las condiciones atmosféricas, el viento, etc.

Pero, de repente, como si fuera un milagro, observábamos en un pequeño pozo aguas arriba, en uno de los laterales, una honda tras otra, con más de media docena de ejemplares, y encima, más grandes que el promedio del río. No había eclosión, no volaba nada, pero ellas seguían comiendo sin parar. Rápidamente, lanzabas tu mosca, quizás una de conjunto, una efémera o un tricóptero... Pero no les prestaban atención.

Entonces, te sentabas a observar y te dabas cuenta de que lo que estaban comiendo era aún más pequeño que cualquier cosa que tuvieras en tu caja de moscas. Si por casualidad tenías algo realmente diminuto, lo lanzabas, y casi siempre alguna picaba. Estas truchas estaban allí y eran grandes por dos razones:

Primero, porque prácticamente comían día y noche sin necesidad de desplazarse. Esto es similar a lo que ocurre con los jabalíes de montaña comparados con los de zonas agrícolas. Un jabalí de montaña, que debe recorrer hasta veinte kilómetros para encontrar comida, rara vez supera los cien kilos, aunque viva ocho o diez años. Sin embargo, un jabalí de una zona de regadío, rodeado de cultivos de trigo, cebada, maíz y frutales, sobrepasa fácilmente ese peso en tres o cuatro años. De manera similar, una contaminación orgánica controlada en el agua no afecta a las truchas, sino que les proporciona una fuente constante de alimento.

Segundo, porque antiguamente, muchos pescadores solían llevarse las truchas a casa para comer, pero por supuesto, ignoraban a estas truchas, por su hábitat y alimentación.

La técnica para pescar estas truchas no es complicada. Simplemente, necesitas posicionarte a una distancia prudente, usar hilos finos y moscas muy pequeñas, en tamaños veinte, veintidós o incluso veinticuatro, asegurándote de que el anzuelo tenga buena apertura para una correcta clavada. Es importante que el anzuelo no sea demasiado fino, ya que podría enderezarse si una trucha realmente grande lo engancha.

En cuanto a las moscas, lo esencial es que no hagan dragado. Una imitación de pulgón, una mosca desechada o incluso un simple trozo de algo que flote puede ser

suficiente. Debes tener en cuenta que estas truchas comen de todo, en diferentes tamaños, colores y formas. A menudo, prefieren una mosca que parezca un estropajo antes que una efémera con colas, alas y ojos perfectamente formados.

En estos casos, una ninfa pequeña, muy poco plomada, también puede dar excelentes resultados.

¿Por qué antes picaban más las truchas a mosca seca?

Esta es una de las preguntas que más he escuchado a lo largo de los años y, en alguna ocasión, he tenido la oportunidad de dar mi opinión, sobre todo a pescadores con experiencia en el tema. Creo que los que pescábamos en los años setenta/ochenta y aún seguimos practicando este deporte somos los que podemos responder mejor esta pregunta, pues hemos sido testigos del cambio en el comportamiento de las truchas.

Para explicar mejor mi punto de vista, voy a utilizar un ejemplo. Imaginemos una piscifactoría con una piscina que contiene cuatro truchas, ya sean pequeñas o grandes. Normalmente, las veríamos en el fondo, navegando con tranquilidad. Cuando algo cae al agua, estas truchas dejan que se hunda hasta llegar a su nivel, y luego lo comen o se desplazan ligeramente para atraparlo. Este comportamiento se debe, sin duda, a la falta de competencia.

Ahora, imaginemos que en esa misma piscina hay mil truchas. En este caso, encontraremos truchas en todos los niveles: en el fondo, a medias aguas y cerca de la superficie. Aquí, siempre habrá truchas subiendo, independientemente de la temporada, la existencia de eclosiones o si les están echando comida o no. La competencia para ser la primera en atrapar cualquier cosa que caiga al agua es feroz. Este es uno de los motivos por los que antes las truchas picaban más: simplemente, había muchas más truchas en los ríos.

El segundo motivo, según mi opinión, es la contaminación del agua. Hace unos años, en una feria, escuché a alguien culpar a los pescadores de la disminución de truchas, argumentando que incluso en las puras aguas de alta montaña, donde no hay contaminación ni depredadores, también había menos truchas que antes. Aunque no comparto totalmente su teoría, le expliqué que en la región de donde provengo, hay muchos barrancos completamente inaccesibles para los pescadores, con aguas tan puras como es posible encontrar y, aun así, hay menos truchas que antes.

Las nubes, al absorber el agua de los mares por evaporación, también transportan la contaminación presente en esa agua. Cuando esta se precipita en forma de lluvia o nieve sobre las montañas, esa contaminación se filtra en los ecosistemas acuáticos, afectando la vida de los invertebrados. Al haber menos alimento disponible para las truchas debido a la disminución de invertebrados, su población también disminuye, afectando el equilibrio natural.

Pescar en aguas libres

En aguas libres, siempre enfrentaremos un desafío adicional: saber si alguien ha pescado en la zona antes que nosotros. Después de ser pinchada o simplemente al notar nuestra presencia, la trucha tarda en recuperar la confianza y volver a alimentarse con normalidad. Si estamos pescando en una zona conocida, usando la mosca adecuada en el momento perfecto, pero no obtenemos resultados, es probable que otro pescador haya pasado antes que nosotros, aunque no lo hayamos visto debido a la orografía del río, la distancia o la vegetación.

Para detectar si alguien ha pescado antes en la zona, podemos fijarnos en las señales que haya dejado en la orilla. Si el fondo del río es de tierra o lodo, las pisadas dejarán manchas más claras. Si es de piedra o cantos rodados, notaremos rastros como piedras vueltas o marcas de clavos, o simplemente mojadas por encima del nivel de agua. En caminos junto al río, si encontramos una tela de araña intacta, podemos estar seguros de que nadie ha pasado por ahí ese día.

Otro factor es la presión pesquera. Si en un río libre hay poca presión, un solo pescador puede alterar el comportamiento de las truchas durante horas. Sin embargo, en ríos con alta presión pesquera, las truchas se acostumbran y pueden retomar su actividad natural en unos cinco o diez minutos. En estos escenarios, nuestro equipo debe ser lo más fino posible, con bajos largos y presentaciones perfectas, usando moscas de tamaño y color ideal.

Pescar en aguas acotadas

En aguas acotadas, generalmente encontraremos más truchas y de mayor tamaño que en las aguas libres, especialmente si el coto no se dedica a la competición. En estos casos, pescar puede ser más gratificante. Sin embargo, si el coto está orientado a la competición, las truchas exigirán lo mejor de nosotros. Deberemos usar hilos del menor diámetro posible que podamos controlar con nuestro equipo, ya que en estas aguas entrenan pescadores competitivos y las truchas están muy acostumbradas a los engaños.

Pescar cotos intensivos

Existen muchas opiniones a favor y en contra de los cotos intensivos. Algunos creen que deberían existir todo tipo de opciones y yo estoy de acuerdo. Estos cotos no solo son aconsejables, sino que son necesarios por varios motivos. Primero, porque en muchas zonas con suficiente calidad de agua, pero sin truchas, se pueden repoblar y aprovechar para la pesca. Además, los cotos intensivos ponen en marcha un sistema de reparto y control que beneficia la conservación de los ríos, crea empleos para guarderías y contribuye a la economía local.

Aunque algunos se oponen a las repoblaciones y a los cotos intensivos, la realidad es que la trucha arcoíris es un producto que se vende en las pescaderías, donde ya ha sido sacrificada sin tener oportunidad de defenderse. En un coto intensivo, estas truchas al menos tienen la oportunidad de luchar por su vida. Además, los cotos intensivos reducen la presión sobre los ríos naturales y ofrecen un lugar para que los pescadores puedan llevarse truchas a casa sin necesidad de recurrir a prácticas furtivas.

En resumen, los cotos intensivos tienen muchas ventajas, desde la conservación de los ríos hasta la inclusión de pescadores con movilidad reducida, que también tienen derecho a disfrutar de este deporte en un entorno accesible y adecuado para ellos. Para mí, los cotos intensivos son beneficiosos para todos.

LOS COTOS, SU GESTIÓN Y LOS PROBLEMAS ASOCIADOS

Minipiscifactorías eficientes y sin incompatibilidades

Las minipiscifactorías son una solución casi perfecta tanto a corto como a largo plazo. Conocí esta iniciativa en los años en que las truchas comenzaron a escasear en nuestros ríos, y resultó ser una excelente medida, sin generar problemas genéticos. En aquel momento, la administración, bajo la supervisión de sus agentes, dio luz verde a todas las sociedades que lo solicitaran para construir pequeñas infraestructuras que replicaran en miniatura las grandes piscifactorías.

Este enfoque permitió a las sociedades delegar la responsabilidad del cuidado de estas minipiscifactorías a algunos de sus socios con tiempo y disposición. Así, se puso fin a las repoblaciones infructuosas que introducían truchas de diferentes ríos y cuencas sin considerar una de las cosas más importantes: la compatibilidad genética con el entorno repoblado.

Una trucha nacida de manera natural en su río, donde cientos de generaciones han nacido y se han reproducido año tras año, ya está inmunizada frente a los cambios y enfermedades que puede enfrentar a lo largo de su vida. Un buen ejemplo de esto es lo que sucedió durante el descubrimiento del Nuevo Mundo. Cristóbal Colón, sin saberlo, introdujo en América virus frente a los cuales los indígenas no estaban inmunizados, con consecuencias devastadoras, como el sarampión, la gripe o la viruela. Por otro lado, Europa importó la sífilis, que desde España se propagó al resto del continente y al norte de África.

Con esto quiero resaltar la importancia de la inmunidad adaptada que tienen las truchas en sus valles y ríos. Para que una repoblación sea exitosa, los individuos deben proceder del mismo valle al que pertenecen, garantizando así su efectividad.

El cormorán: un okupa protegido

En aquellos años, aquí en el Pirineo, desconocíamos la presencia del cormorán. Por eso, los alevines repoblados tenían más posibilidades de sobrevivir frente a sus depredadores naturales, a los cuales sus progenitores ya habían vencido. Sin embargo, hoy en día, en Aragón, sufrimos la invasión de esta ave en todas las cuencas. Si un guarda de pesca sorprendiera a un furtivo con media docena de truchas, la multa, según las leyes actuales, podría ascender a unos mil ochocientos euros, y más aún si se tratara de pesca fuera de temporada, en zonas vedadas, reservas naturales o parques nacionales, con justificación.

Pero este cormorán, que puede parecer inofensivo para quienes no comprenden el problema, ha encontrado una despensa segura y protegida por muchos Gobiernos, desplazándose sin temor y esquilmando un recurso valioso. Este recurso, si fuera bien gestionado, podría proporcionar a todos los valles de nuestra geografía un rendimiento económico mucho mayor a través de la pesca.

Este es uno de los ejemplos de las incongruencias que se atribuyen a los políticos sin coraje, que solo se preocupan por los votos cada cuatro años.

PROBLEMAS COMUNES A LA HORA DE PESCAR

Dragado de nuestras moscas

Salvo en raras excepciones, una corrección es corregir un mal lance.

Hace muchos años, en los ochenta, descubrí algo que cambiaría mi forma de pescar. En una tienda de pesca de un pueblo cercano, llegaron unos cuellos para montar moscas, y entre ellos había uno de *grizzly*, con plumas largas y perfectas. Nunca había visto algo igual; me quedé fascinado. Sin embargo, el precio era prohibitivo, como casi todo lo relacionado con la pesca con mosca en esos tiempos. Los meses pasaron y el cuello seguía en el escaparate hasta que, finalmente, decidí comprarlo.

Por entonces, yo usaba muchas moscas de conjunto, y mi favorita era la palmer amarilla. Nada más llegar a casa, me puse a trabajar y monté media docena de moscas, todas bien pobladas con pluma entera. Sin embargo, cuando salí a pescar, el viento soplaba ligeramente de la derecha. Tan pronto como la mosca caía al agua, después de recorrer apenas un palmo, se levantaba por sí sola y volaba hasta posarse en la orilla izquierda, a unos dos metros de donde había caído. Ahí aprendí la importancia de la claridad y transparencia de la pluma en una mosca.

La mosca debe llevar la cantidad justa de pluma para flotar y, en el peor de los casos, ser visible. La transparencia de la mosca es crucial en la mayoría de las situaciones.

Al montar moscas, es importante tener en cuenta las siguientes consideraciones:

— Tanto la falta como el exceso de pluma o pato en una mosca pueden ser perjudiciales.

— Una mosca con demasiada pluma es más propensa a dragar, ya que el exceso de material dificulta su correcta posada en el agua.
— Una mosca con demasiado pato, aunque su cuerpo pueda posarse mejor que una con *hackle*, será más difícil de secar tras una captura y tenderá a hundirse más rápidamente.

Algunos pescadores me han comentado que, a veces, las truchas parecen cambiar constantemente de mosca, como si fueran caprichosas e imposibles de entender. Colocan una mosca, atrapan una trucha, y luego, tras varios lances fallidos, cambian de mosca y atrapan otra, y así sucesivamente. La solución, en realidad, es que ni ven la mosca ni la pescan bien, porque no saben secarla correctamente. Solo con moscas nuevas de la caja logran que floten en la superficie.

A muchos pescadores les gusta más el CDC (pluma de culo de pato) que la pluma de gallo, ya que esta última, si se usa incorrectamente, puede hacer que la línea se rice porque actúa como una hélice. Las moscas de culo de pato tienen la ventaja de ser más visibles, y en la mayoría de los montajes, la pluma está por encima de la mosca,

haciendo que el cuerpo se asiente mejor en la superficie del agua, facilitando la pesca y reduciendo el dragado, siempre que el penacho no sea demasiado largo y actúe como una vela.

Tras tantas décadas pescando a mosca seca, puedo asegurar que el secreto de una buena presentación y de largos recorridos sin dragado radica en un bajo de línea bien equilibrado y lo más largo posible que podamos lanzar (en competición, dos cañas máximo). Aconsejo a los pescadores competidores que no se excedan en el uso de dos cañas, ya que, si se acostumbran a usar dos cañas siempre de máximo, lograrán mayor precisión. Nuestra posición con respecto al pez influirá en la facilidad o dificultad de nuestra deriva.

Por supuesto, hay excepciones, como cuando pescamos en un barranco a punta de caña, donde si el hilo apenas sale de la caña, no proyectaremos potencia hacia adelante. En competición en ríos normales, con pozos y tablas tendidas, aconsejo lanzar con el bajo lo más largo posible, siempre para ganar precisión. Pescando por libre, trataremos de alargarlo todo lo que podamos, sin perder nunca el control de nuestro bajo y nuestra mosca, así ganaremos en recorridos más largos y presentaciones más naturales.

Recogida de la línea durante el recorrido de la varada

Uno de los errores más comunes, y que sin darnos cuenta reduce el recorrido de nuestra mosca al adelantar el dragado, es la incorrecta recogida de la línea.

La recogida perfecta debe levantar el sobrante de la cola de rata del agua hacia la punta de la caña, sin tirar del resto de la línea. Esto se logra recogiendo a la misma velocidad que el agua pasa por debajo de la caña: ni más rápido, ni más lento.

Si recogemos más rápido que el flujo del agua, estiraremos la cola y el bajo demasiado rápido. En cambio, si recogemos más lento, se formará una curva en la cola aguas abajo de la punta de la caña, lo que tirará de la línea y estirará todo el recorrido, provocando el rayado del señuelo.

Además, la altura de la caña sobre el agua al recoger la línea es crucial. Esto está influenciado por el ángulo y la velocidad del agua, pero se recomienda no levantarla en exceso para evitar el efecto «panza» en la línea.

Si estamos pescando de lado, debemos ir bajando la caña río abajo al mismo tiempo que recogemos, para compensar el ángulo de entrada de la línea en la anilla de la punta.

Cómo pescar con viento de frente y de espaldas

El viento es un factor que puede afectar muchas de nuestras jornadas de pesca. Si el viento es persistente y fuerte, lo mejor es buscar una zona resguardada o simplemente cambiar de valle. Si no podemos evitarlo, estos son algunos consejos a tener en cuenta:

Si no podemos cambiar de valle o buscar una zona menos afectada por el viento, una estrategia efectiva es pescar a tándem. Si aun así tenemos dificultades, siempre existe un ángulo de lanzado opuesto al viento que podemos aprovechar.

Lanzaremos y, rápidamente, bajaremos la caña para que repose suficiente línea en el agua. De esta manera, logramos una mejor deriva, con nuestra mosca escoltada, de un lado por la ninfa y, por el otro, anclada por la línea en reposo, lo que mejora la estabilidad y presentación en condiciones de viento.

Con viento de espaldas, se dice que los peces pican menos. Esto es en parte cierto, pero también se debe a que el viento estira el bajo, afectando el rayado y haciendo que la presentación sea irregular. Si el viento viene de frente, un pescador novel pasará mucho tiempo desenredando nudos, ya que la mosca, antes de tocar el agua, se verá arrastrada hacia nosotros por la fuerza del viento.

Mi consejo para el viento de espaldas, si es leve, es hacer lances estrechos y rápidos con rectificaciones laterales cerrados. Así, podremos pescar sin muchas variaciones, siempre que nuestra mosca se pose en el río antes de que el viento la afecte por falta de velocidad. En estos casos, no es necesario cortar el bajo.

Con viento de frente, el movimiento de la caña debe ser lo más cercano posible al agua, por dos razones: primero, porque cuanto más cerca del agua, menor es la influencia del viento; segundo, porque cuando hacemos el lance, la mosca estará más cerca del agua y menos expuesta al viento, permitiéndonos controlarla mejor. Si es difícil de lograr, aconsejo cortar medio metro del terminal del bajo. Si fabricamos nuestros bajos, podemos poner menos hilo fino en el terminal para darle más potencia al lance.

La pesca al agua: un gran campo de entrenamiento

La pesca al agua ha sido el mejor entrenamiento que nuestra afición nos ha regalado. Cuando empecé a pescar, solo conocíamos la pesca a seca. Claro está que no todo el día las truchas suben, pero en condiciones normales, lo hacían en algún momento todos los días. Al principio de la temporada, solo durante una o dos horas en las horas centrales del día, pero a medida que avanzaba la temporada, ese tiempo se alargaba.

En aquellos años, todos los cotos de pesca tenían un guarda responsable, y los sorteos se celebraban a las siete de la mañana. Si el coto aceptaba doce pescadores y había menos, el guarda expedía los permisos para todos los asistentes, pero si había más del número permitido de pescadores, se hacía un sorteo, y si te tocaba, pescabas, y si no, ibas a una zona libre, cercana.

He estado en sorteos en Olivan donde, para quince permisos, éramos setenta y dos pescadores. En las zonas libres, la gente esperaba al amanecer para empezar a pescar con lombriz y draga. Era muy temprano, pero en esos años predominaban el cebo y la cucharilla, y había que aprovechar el día.

Los que decidimos pescar solo a mosca seca teníamos un problema: ¿qué hacer mientras las truchas no subían? La respuesta era pescar al agua y perfeccionar el lance y la presentación. Muchos días, pescábamos durante horas antes de que subiera la primera trucha. Algunos días, llegabas a capturar ocho o diez truchas sin ver ninguna cebada. Eso era pescar al agua, un entrenamiento impulsado por nuestra afición a la mosca seca.

Acercándonos a las truchas

Este problema se resolverá solo con la experiencia en la pesca. Si nos movemos como locomotoras por el río, nos daremos cuenta de que estamos espantando y pisando truchas antes de verlas, perdiendo así nuestro tiempo. A medida que adquirimos experiencia, nos posicionaremos de manera anticipada en el río antes de llegar a cada postura, sin hacer ruido, sigilosamente, y manteniendo siempre la distancia adecuada para el lanzado.

Distancia y posición en el río: dos razones de peso para el éxito

Una de las cosas más importantes al pescar truchas es conocer perfectamente nuestra distancia de lance dentro de una presentación aceptable o nuestro radio personal de pesca. Esto hará que nuestra posición sea mucho más flexible al lanzar. La posición en la que nos encontremos respecto al pez y la variación de corrientes, si las hay, son cruciales para facilitar la deriva o complicarnos la presentación.

La lectura del río

En aquellos días en los que exploraba ríos desconocidos sin información previa, pescar en un río nuevo era un verdadero desafío. Recorríamos las orillas buscando telas de araña para ver qué insectos habían atrapado recientemente y siempre llevábamos desembuchadores para extraer el contenido estomacal de las truchas que capturábamos. Queríamos saber qué estaban comiendo, pero al final, siempre encontrábamos lo mismo: una gran cantidad de ninfas oscuras acompañadas de algún canutillo o *Gammarus*.

Hoy en día, tenemos prácticamente toda la información disponible en Internet: las zonas de pesca, técnicas, especies de peces y hasta su comportamiento y horarios. Sin embargo, estar en el río, caminar por sus orillas, observar su entorno, el color y transparencia del agua, su velocidad, y si está muy frecuentado o es un paraíso salvaje al que solo se accede tras largas caminatas, nos proporcionarán información invaluable sobre la selectividad de las truchas y las técnicas que debemos emplear.

La lectura del río también implica analizar sus aguas, la forma de su lecho y detectar tanto las corrientes suaves como las aguas rizadas. Es importante observar, según la época del año, dónde es probable que se encuentren las truchas y planificar la estrategia de pesca en consecuencia. Además, si logramos enganchar una trucha, debemos anticipar sus movimientos mientras busca refugio o sus movimientos para tratar de zafarse de nuestro engaño.

Una de las cosas más importantes a considerar cuando pescamos fuera de nuestras comunidades es el momento de la clavada de la trucha. Después de superar todos los desafíos para presentar nuestra mosca en perfectas condiciones y lograr que la trucha suba a tomarla, la clavada, algo aparentemente tan simple como levantar la caña, se convierte en uno de los aspectos más técnicos que debemos dominar.

Personalmente, he ganado campeonatos de España porque los competidores tardaron en acostumbrarse a la rapidez de las truchas de mi tierra, que llamaban «truchas eléctricas». Cuando finalmente adaptaron su técnica, ya era demasiado tarde. Del mismo modo, también he perdido grandes campeonatos por apresurarme demasiado en situaciones donde debía esperar más tiempo antes de clavar. La velocidad adecuada es clave y adaptarse a las particularidades de cada zona y sus truchas puede marcar la diferencia.

El secreto para que las truchas grandes no rompan nuestros líderes

Cuando se trata de evitar que las grandes truchas rompan nuestros bajos de línea, lo más importante es conocer a fondo el hilo que utilizamos. Desde 1985, he estado comprobando todos los hilos que pasan por mis manos, y puedo decir con orgullo que he ganado el trofeo de mayor pieza en prácticamente todos los campeonatos en los que he participado, desde competiciones locales hasta mundiales.

El secreto está en medir y probar cada hilo. Necesitarás un micrómetro o calibre digital de calidad y un dinamómetro de hilos. Mide el diámetro del hilo, apúntalo, y luego realiza al menos diez pruebas de resistencia a la rotura con el dinamómetro. Suma las fuerzas de rotura y divide el total por el número de pruebas para obtener la base exacta de resistencia del hilo.

Da igual si el rollo de hilo marca un diámetro y resulta ser otro ligeramente diferente; lo importante es conocer su resistencia real. Después de identificar los hilos más resistentes, prueba cómo se comportan con los nudos. Aquí descubrirás que algunos hilos más fuertes son más débiles con ciertos nudos o que ciertos nudos no son adecuados para ciertos hilos.

También debes prestar atención al paralelismo del hilo. Si el valor máximo de resistencia es significativamente mayor que el mínimo, eso indica que el hilo es inestable, viejo o de baja calidad. En cambio, si las diferencias son mínimas, el hilo será más fiable.

Los nudos: parte crítica en una rotura

Así como hemos llegado a la conclusión sobre cuál es el hilo más fuerte tras nuestras pruebas, también debemos evaluar los nudos para maximizar el rendimiento del equipo. En lugar de simplemente tirar del hilo liso desde ambas puntas, en una de ellas anudaremos una mosca para comprobar qué nudo tolera mejor el tipo de hilo que estamos usando, ya sea de nailon o fluorocarbono —atención, porque hay diferencias importantes entre ambos—. De este modo, con la misma mosca y el mismo hilo, podremos probar la resistencia de diferentes nudos.

Este método también nos permite probar nudos que sirvan para empalmar un hilo con otro. De esta forma, aseguramos el máximo rendimiento de nuestros bajos, por finos que sean.

A continuación, incluyo los nudos que empleo en estos casos, para que puedas poner en práctica lo explicado.

Además de elegir el mejor hilo, hay estrategias que puedes emplear al pescar una trucha grande. Por ejemplo, cuando localices un buen ejemplar, es crucial imprimir la tensión suficiente para mantener la cabeza de la trucha fuera del agua, obligándola a saltar y desorientarla en la superficie. Si la trucha se sumerge y se da la vuelta, se orientará ofreciendo entonces su máxima potencia de huida en dirección opuesta a nosotros. Entonces intentaremos mantenernos por debajo de ella en el río para evitar que la corriente aumente la presión sobre el hilo y lo rompa.

Una anécdota del río Noguera Ribagorçana

Corría el año 2002, y el río Noguera Ribagorçana estaba ganando fama por sus grandes truchas de Alfarás. En una jornada de pesca con varios compañeros de la selección española, mi amigo riojano, conocido como Oti, me pidió que lo ayudara a capturar una de esas truchas enormes para hacerse una foto.

Llegamos a un pozo donde localicé un ejemplar impresionante bajo la sombra de un árbol. Le indiqué a Oti dónde estaba, pero no lograba verlo, a pesar de tener una

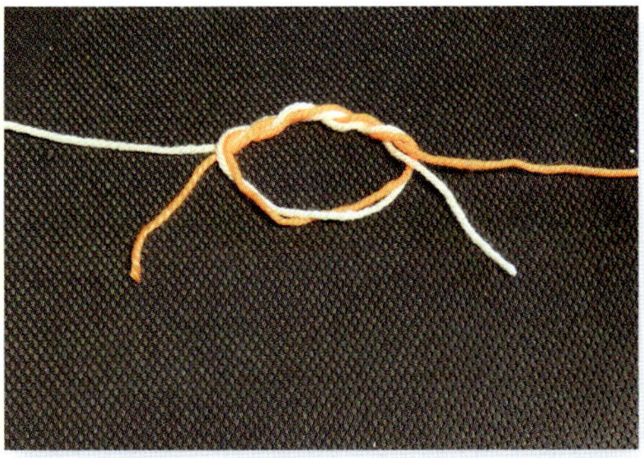
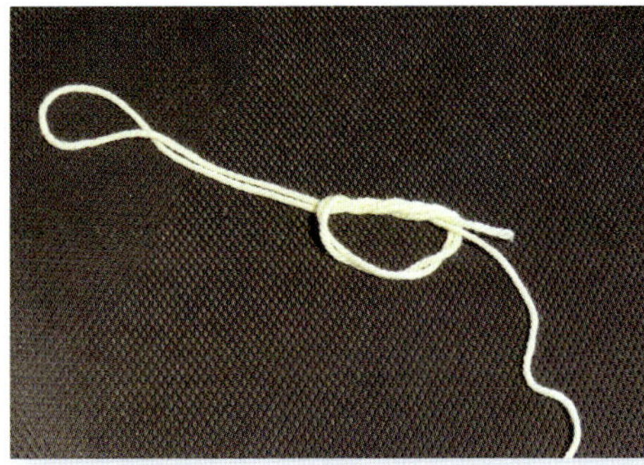
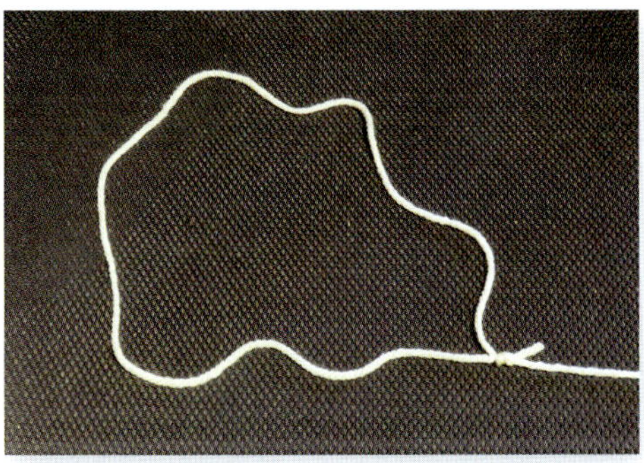
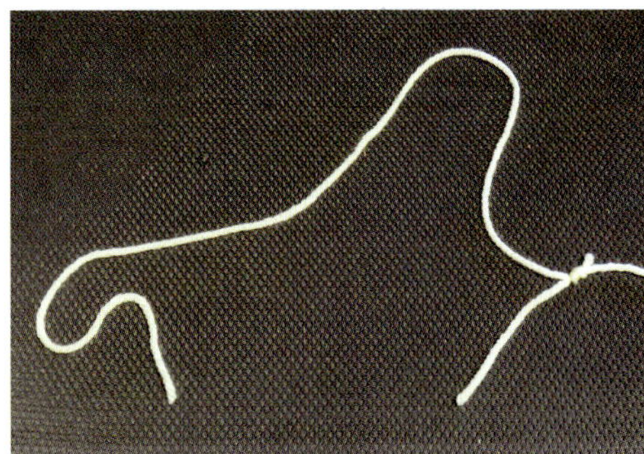
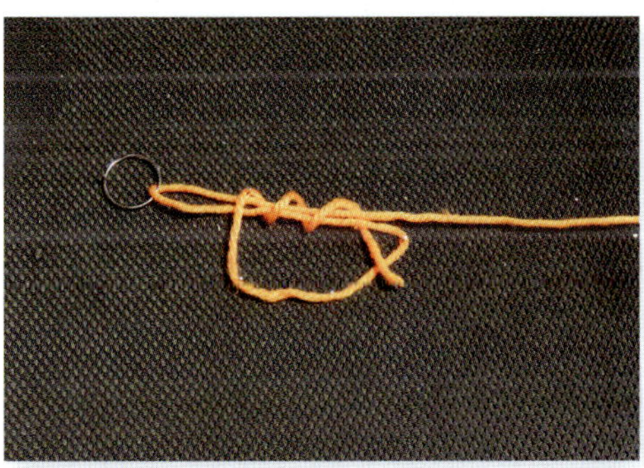
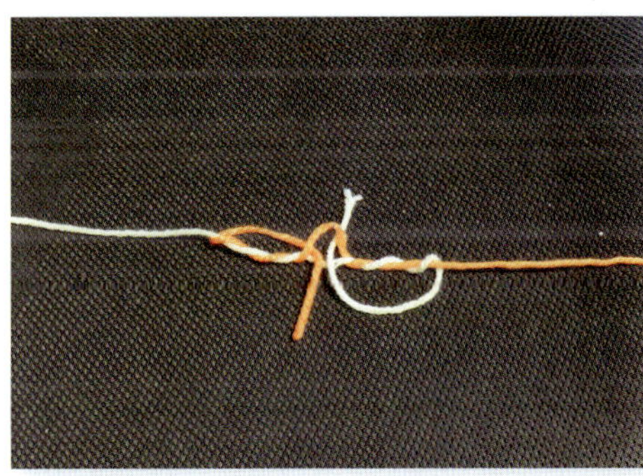
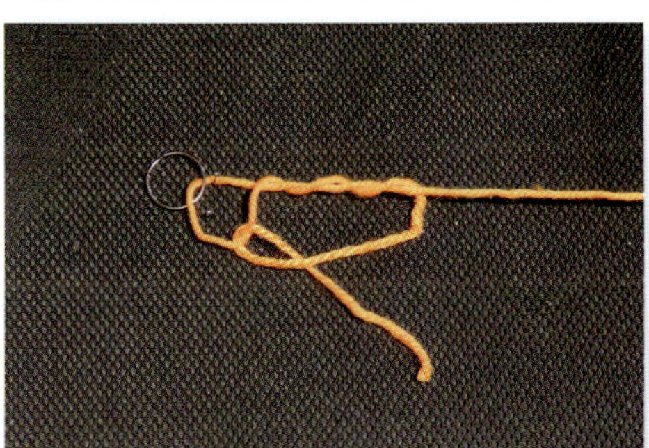

Distintos tipos de nudos más habituales:
1. Cirujano
2. Cirujano cerrado
3. Cirujano cerrado final
4. Cirujano cortado para ninfas
5. Duncan
6. Sangre
7. Simple cucharilla

vista excelente. Finalmente, comprendí que no lo veía porque era demasiado grande para ser reconocido como una trucha.

Días después, volví con un equipo más robusto y un hilo de 0,22 en punta. La trucha seguía en el mismo lugar y logré capturarla. Esa trucha medía exactamente noventa y ocho centímetros y pesaba siete kilos, medida por Jordi Oliveras.

Cómo lanzar en un túnel de maleza

Para pescar en barrancos o meandros donde la naturaleza no limpia las orillas debido a la ausencia de crecidas por deshielo o tormentas, se requiere una técnica especial. En estos escenarios, el cauce se ve invadido gradualmente por ramas y árboles de poca o mediana altura que compiten por la luz solar desde ambas orillas. Esto crea un entorno desafiante, con muy poco espacio para mover la caña. En la mayoría de los casos, tendremos que mantener la caña a ras del agua para evitar que la mosca se enganche en el ramaje.

Lo más importante es utilizar una caña adecuada para el entorno en el que nos encontramos. Una caña de siete y medio a ocho pies será perfecta. Sin embargo, si incluso con esta longitud resulta difícil pescar en algunos tramos del río, podemos recurrir al lance a ballesta, utilizando la longitud total de la caña, o a la técnica de multibucles.

Lanzado a ballesta simple

El lanzado simple se realiza sujetando cuidadosamente la mosca por la curva del anzuelo con una mano, mientras que con la otra sostenemos la caña y la línea. Es fundamental que ambas medidas, tanto la caña como la línea, sean aproximadamente de la misma longitud. Luego, llevamos la mano que sujeta la mosca hacia nosotros, manteniéndola siempre por encima de la caña y doblando el puntero hacia el cielo hasta que se genere suficiente tensión. Al soltar la mosca, esta se disparará hacia adelante. Esta técnica es muy común cuando se pesca con tándem, utilizando una ninfa, ya que ofrece excelentes resultados en ríos cerrados y pequeños.

En situaciones extremas, podemos desmontar la caña por la mitad, reducir el bajo y pescar solo con la parte delantera de la caña. Este truco lo he empleado desde los años noventa en campeonatos de Aragón en Albarracín. Hay que tener especial cuidado de no realizar tirones ni clavadas demasiado fuertes, ya que la integridad de la caña podría estar en riesgo.

Lanzado a ballesta con multibucles

El lanzado a ballesta multibucles, aunque menos utilizado, es igualmente efectivo. Es similar a la técnica anterior, pero en este caso recogemos en la mano que sujeta la mosca varias vueltas de la línea, siempre alineadas desde el exterior hacia el interior.

Lanzado en espacios reducidos

Cuando estamos pescando en un lugar donde no tenemos espacio detrás para mover la caña, como cuando hay una pared, un muro o vegetación densa, el lance rodado es la técnica más recomendada. Sin embargo, el lance rodado presenta un problema cuando pescamos a mosca seca, ya que no permite secar la mosca de forma natural en el aire, ni compensar las curvas antidragado.

Al pescar a mosca seca, generalmente podemos cubrir ambas orillas del río, incluso con vegetación densa, ya que al pescar aguas arriba, la línea vuela siempre por encima del agua y no sale del cauce. Sin embargo, si estamos pescando desde una posición elevada (final de senda) y queremos alcanzar la otra orilla, podemos agarrar la mosca con la mano y el empalme de nuestro bajo con la línea, asegurándonos de que ambas líneas no se crucen. Luego, con un movimiento hacia un lateral y un impulso final hacia adelante, la mosca se disparará hacia el objetivo.

Cómo lanzar sin espacio detrás: veinte metros sin esfuerzo

Este sistema se me ocurrió durante un Máster de Campeones en Cantabria. Observé una trucha cebándose en el otro lado del río Asón, en un lugar donde era imposible lanzar una mosca con precisión debido a la vegetación densa y los obstáculos detrás de mí. En lugar de pasar de largo, decidí crear un túnel entre ramas para permitir el paso de la mosca atada a la línea hasta la trucha.

El resultado fue espectacular. Rompí ramitas para formar un túnel de unos ochenta centímetros de diámetro, en dirección ligeramente por encima de la trucha. Clavé la mosca en una hoja verde para sostener el peso de la línea, y luego, con un movimiento rápido y una doble tracción enérgica, logré que la mosca se lanzara limpia a través del aire y del túnel improvisado. Aunque la mosca no cayó exactamente donde quería, la trucha, al no estar acostumbrada a ser engañada, sin dudarlo, lentamente se desplazó y tomó la mosca confiada.

Cómo afrontar un río desconocido

Cuando enfrentamos un río desconocido, el conocimiento de la técnica y los recursos disponibles son fundamentales. Las truchas, sin importar el río o país en el que se encuentren, tienen costumbres similares. Si no hay eclosiones, es probable que no veamos actividad en la superficie, pero esto no significa que no podamos capturar alguna pescando al agua.

Si no tenemos información previa, lo ideal es basarnos en nuestra experiencia y pescar en los momentos más favorables según la temporada. Si no estamos seguros

de qué mosca usar, una mosca de conjunto, pescando en los lugares preferidos por las truchas para cazar, suele ser la elección correcta. Estas moscas, al imitar una variedad de insectos y tener un tamaño mayor que las imitaciones habituales, tienden a ser más atractivas.

Como mencioné anteriormente, la clave para que una trucha ataque una mosca es que esta tenga «vida». Si la mosca pasa de manera convincente, tenemos una alta probabilidad de que la trucha la tome. Sin embargo, debemos recordar que mientras la trucha se desplaza hacia la mosca está evaluando su tamaño, forma, color y cualquier posible reflejo del hilo debido a las grasas de flotabilidad.

Aunque la pesca con perdigón o ninfa puede ofrecer una respuesta más inmediata, en este libro quiero centrarme principalmente en la pesca a mosca seca.

La importancia de la mosca y su tamaño

Esta pregunta es fácil de contestar, porque entre la trucha y el pescador se encuentra la mosca, que debe cumplir dos funciones básicas, vinculadas tanto al pescador como a la trucha. Desde la perspectiva del pez, la mosca debe parecer natural o lo suficientemente atractiva para que la trucha decida desplazarse y atraparla. Por otro lado, para el pescador, la mosca debe cumplir varios requisitos.

El principal de todos es que la mosca sea visible en todo momento. Si no podemos verla al caer, difícilmente podremos seguir su trayectoria, y aún menos, verificar si su navegación en la superficie del agua es correcta. Esto es lo que llamamos presentación de la mosca. Cuanto más dominemos el lance, más precisos seremos para reducir el tamaño de la mosca sin perderla de vista, ya que, en la mayoría de los casos, podremos verla caer en la postura deseada.

Contraste de la luz reflejada en el agua

Este es otro de los factores más importante a considerar. Este fenómeno puede ocurrir durante muchas jornadas de pesca, en días nublados, atardeceres o cuando hay contrastes fuertes de luz por delante (entre montañas, por ejemplo). Estas condiciones pueden dificultar la visibilidad de la mosca en el agua. La solución, en muchos casos, es cambiar de orilla o, si el río lo permite, pescar en la orilla contraria, ya que la vegetación de las orillas actúa como pantalla, reduciendo los brillos del agua y facilitando la visibilidad de la mosca.

Diferencias entre pescar con tricópteros y efémeras

La efémera es como la «señorita» del río: su vuelo es lineal, su posada suave, recorre largas distancias sobre la superficie y pone sus huevos de manera discreta. Es una pesca fina que no admite un comportamiento antinatural, como un rayado en su movimiento.

En contraste, el tricóptero tiene un comportamiento errático, rompiendo cualquier línea recta en su vuelo. Su puesta de huevos en el agua se realiza golpeándola, y a veces, recorre la superficie como si fuera una draga o un zapatero, nadando sobre ella. Esto nos da una pista para entender que, para un principiante, es más fácil pescar truchas con imitaciones de tricópteros que con efémeras, ya que el tricóptero admite dragados sutiles durante la presentación.

Recuerdo que, durante los entrenamientos del mundial juvenil en Chequia, observamos que cuando el tricóptero se hacía rayar a propósito, las truchas lo cogían mejor que cuando bajaba como una efémera. Otra peculiaridad de esta mosca es que es muy efectiva para pescar «al agua», ya que se la puede ver volar durante todo el día, independientemente de la época de eclosión, cuando podemos llegar a ver miles de ejemplares formando nubes sobre el río. Si dominamos muy bien nuestra técnica de lance, podremos hacer que el tricóptero suba desde la otra orilla, haciéndolo avanzar a tironcitos, incluso si estamos muy por debajo de él.

Cómo pescar con tricóptero al salto

Esta técnica tiene sus raíces en la pesca a la leonesa, utilizando una mosca de punta llamada «saltona». Aunque no vamos a usar una boya en la punta de nuestro equipo,

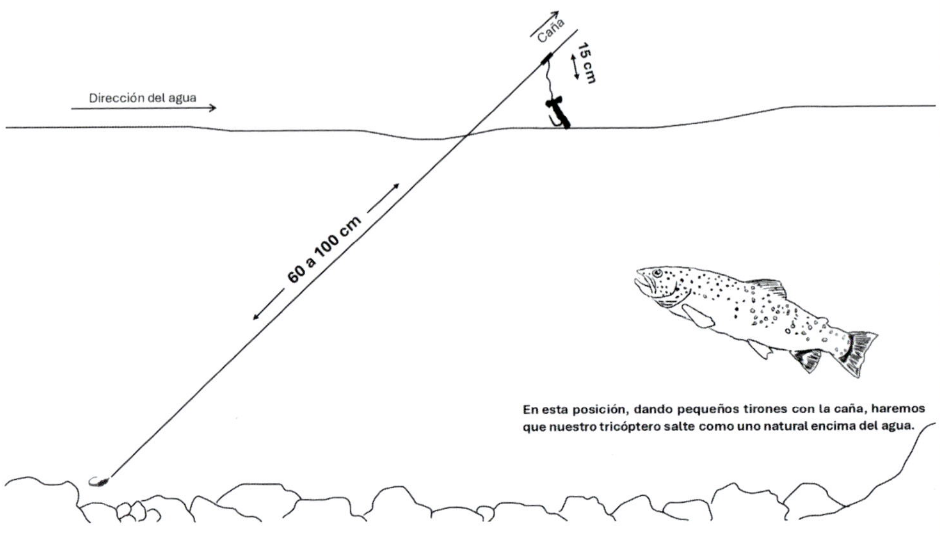

podemos adaptar esta idea cambiando los componentes para lograr la misma función. La boya será reemplazada por una ninfa o perdigón pesados, y a un metro o metro y medio de distancia, según lo permita la zona, colocaremos un tricóptero colgando de un ramal de unos diez centímetros.

Al lanzar, tensaremos la línea para que el tricóptero quede colgando, como si fuera un señalizador. Luego, solo necesitamos mover la punta de la caña con pequeños tirones sutiles, y veremos cómo el tricóptero cobra vida, imitando perfectamente la puesta de huevos sobre el agua.

Pescando con la mosca de piedra

La pesca con moscas de piedra es una de las más emocionantes y gratificantes, ya que los ataques a estas moscas suelen ser muy agresivos. Como se suele decir, una mosca de piedra equivale a cien efémeras en términos de nutrición, por lo que le vale la pena a la trucha ese esfuerzo.

Para estas moscas, es recomendable acortar el bajo por dos razones: primero, porque al ser una mosca más grande y pesada se necesita más potencia en el lance; y

Moscas de Antonio Molinero

segundo, porque las dragas (también conocidas como «dragan») no son tan exigentes en cuanto a la presentación como las efémeras. Personalmente, una de las moscas de piedra que más me ha dado resultados es la del gran montador de moscas leonés Arturo Molinero.

Las hormigas: una apuesta segura para truchas y reos

La hormiga es una de las moscas más universales, encontrándose en casi todos los ecosistemas. Empecé a pescar con hormigas hace muchos años, pero mi evolución más significativa en este montaje ocurrió cuando conocí a Guy Roques. Guy Roques es un experto en esta mosca y ha perfeccionado sus montajes a lo largo de los años, haciéndolos cada vez más simples y efectivos. En cualquier tabla de truchas selectivas, un

Hormiga de Guy Roques

buen montaje de esta mosca puede dar excelentes resultados. Su apariencia en tamaños pequeños también la convierte en una imitación eficaz de un díptero. En corrientes y pozos, he capturado algunos de los reos más grandes con esta mosca.

Los dípteros y cénidos: caza gigantes

Los dípteros y cénidos son moscas que no deben faltar en nuestra caja. Son especialmente útiles en aguas mansas por la mañana, en salidas de aguas tendidas de pozos, comederos o aportes de materia orgánica. Estas moscas suelen estar montadas en anzuelos pequeños y fuertes, ya que las capturas pueden ser sorprendentes. Las truchas, que a menudo son muy selectivas y rechazan muchas imitaciones perfectas, a veces bajan la guardia y devoran cualquier imitación adecuada en tamaño cuando se ponen a comer en serio.

Aquí, la presentación y la delicadeza del lance son clave para el éxito. La mosca en sí misma también juega un papel importante, aunque no tanto a menos que las truchas estén extremadamente educadas. Dado que estas moscas son tan pequeñas, la flotabilidad está garantizada porque, al no romper la película del agua, generalmente no se hunden, incluso si no les aplicamos flotabilizador. Y apropósito de los flotabilizadores, personalmente nunca he usado flotabilizador en el hilo y rara vez en las moscas secas, prefiero secarlo en el aire con un movimiento rápido para desahogar el agua acumulada tanto en el bajo como en la mosca, evitando así brillos indeseados que podrían provenir de diferentes tipos de grasas alertando a las truchas del engaño.

CÓMO PESCAR CON EL BICHO

El «bicho» es como se denomina en Galicia a la pesca con escarabajo, una técnica que pude ver por primera vez durante un Campeonato de España juvenil, donde los gallegos se llevaron el triunfo usando este método. Pero el «bicho» no se refiere solo a la mosca en sí, sino a todo el sistema de pesca.

La caña no debe ser excesivamente larga, y la línea debe tener la potencia justa para lanzarlo, pero con la suavidad suficiente para que el golpe en el agua lo dé exclusivamente el escarabajo. El bajo debe proporcionar el impulso justo para que el terrestre caiga de manera natural, imitando la forma en que los escarabajos caen al agua desde un árbol con el golpe preciso.

El lugar de pesca con el escarabajo es distinto al que usarías para pescar con efémeras o en corrientes claras. Con el «bicho» se pesca en sitios más cerrados: entre hierbas, algas y troncos en las orillas del río, donde los peces pueden estar escondidos y salen a atacar de manera voraz. Un escarabajo ofrece más alimento que una docena de efémeras o dípteros, por lo que el ataque suele ser inmediato y, en la mayoría de los casos, no fallas en la clavada.

El montaje del escarabajo requiere experiencia y equilibrio. Debe tener el peso suficiente para atraer a la trucha con el golpecito al caer en el agua, pero a la vez debe subir rápidamente y flotar tras sumergirse unos milímetros. El recorrido de la mosca es sencillo: solo debes esperar unos segundos, el tiempo suficiente para que una trucha pueda detectarlo o sentir su caída. Luego, das un paso más y haces otro lance, sin falsos lanzamientos, sin secar el equipo ni el escarabajo.

Esta técnica es diferente a cualquier otra, pero resulta extremadamente divertida. Si tienes la oportunidad de viajar a Galicia, especialmente a la zona de Lugo, no dudes

en probarla. El coto de Monterroso, entre finales de mayo y los meses de junio y julio, es el lugar ideal para experimentar la pesca del «bicho» en su cuna.

Cómo mejorar la flotabilidad de las moscas de pato

Un truco que me enseñó un miembro del equipo francés en un mundial consiste en sumergir las moscas de pato en aceite especial para pluma CDC antes de usarlas. Deja que se sequen y repite esta acción hasta tres veces. Las micropartículas de aceite se adhieren a la pluma, proporcionando una flotabilidad superior a la habitual.

Secado de nuestra mosca en el aire

El secado de la mosca es un aspecto crucial en la pesca, ya que, si logramos emplear un gesto de muñeca adecuado y dar la velocidad necesaria a la curva del *loop*, podremos secar tanto el bajo como la mosca. Esto nos permitirá ganar tiempo valioso durante la jornada de pesca.

Este proceso resulta más sencillo con moscas de pluma y con moscas de CDC que no estén impregnadas de la baba de la trucha. Si llegamos a atrapar alguna trucha, será necesario secar la mosca con un pañuelo para eliminar la baba del pez. Después, es recomendable aplicar algún tipo de protector o secante para mantener la mosca en óptimas condiciones. Por esta razón, suelo pescar con un ochenta/cien de pluma, que se seca más rápidamente y facilita una presentación más efectiva.

Mis primeros pasos en el Selectivo Español y el Campeonato Mundial

Recuerdo que cuando ingresé en la selección española en 1990, los responsables del selectivo estaban decididos a enfocarnos en la pesca a ninfa durante las pruebas clasificatorias para los mundiales. En 1990 ya se impusieron en el selectivo mangas obligadas exclusivamente para pescar con insectos sumergidos o ninfas. Con poco conocimiento y tras gastar casi todo mi dinero en ninfas en una tienda local, me armé de valor y me dirigí a mi primer selectivo en los cotos de Mave y Quintanaluengos (Palencia, España).

Después de las cuatro mangas —dos a seca y dos a ninfa—, para mi sorpresa, terminé clasificado en quinto lugar. Recuerdo que la ninfa que resultó más efectiva fue una algo grande con dos plumas laterales, imitando una pupa de tricóptero. En ese momento, las ninfas eran nuevas para mí, y ni siquiera me imaginaba que esa imitación que ahora me dicen que use, antes me hubiera hecho quedarme en casa.

Fue en ese selectivo donde vi por primera vez una ninfa de oreja de liebre. Como había perdido todas las pupas que había llevado, en ese selectivo conocí a un competidor llamado Bullo, quien siempre iba acompañado por su padre y solía llevar un sombrero de paja. Le pedí si tenía alguna ninfa extra, y me mostró una ninfa de oreja de liebre que había pescado el día anterior. Un amigo le regalo dos ninfas iguales y a mí me ofreció una para la última manga.

La mañana siguiente, antes de la primera manga a ninfa y la segunda a seca, se vivió una escena memorable. Faltaban cinco minutos para empezar y yo estaba en la orilla, cuando escuché unos pasos apresurados y jadeantes. Era el padre de Bullo, que había corrido desesperado para pedirme la ninfa de oreja de liebre que Bullo me había prestado, porque él no encontraba la otra. Le di la ninfa rápidamente, y él se fue corriendo en busca de su hijo. Esto era lo que significaba una ninfa en aquellos tiempos.

Al finalizar el selectivo, a través de José Vilanova, el dueño de la única tienda de pesca de mosca en la comarca (XINON), me uní a tres amigos: Fernando Gallare, Mariñoso y un jamón. Llevábamos el jamón a un montador en Tafalla, Navarra, llamado Pedro Cozcor, para aprender a montar ese cuerpo peludo que solía tener mil pelos de liebre. Así era el «Internet» en aquellos años.

Historia con las cabezas metálicas

En 1992, me clasifiqué para el Campeonato del Mundo en Italia. Al llegar a mi primer tramo en el campeonato, comencé a montar mi caña en la parte inferior del tramo, y vi una trucha subir. Decidí usar un tricóptero con la autorización del juez, llegó la hora de inicio de manga y lancé mi línea. En el primer lance, saqué la trucha. Afortunadamente, mi tramo no era de aguas profundas y logré levantar truchas a seca, una tras otra, haciendo un total de dieciocho.

Sin embargo, cuando salí del río, lleno de orgullo por mi manga (si el chaleco hubiera tenido botones, los habría reventado), me encontré con la dura realidad. Por debajo de mí estaba el polaco, con más de treinta capturas, y por encima de este, el inglés con cuarenta y dos. Ellos aún llevaban puestas las ninfas con bolas doradas;

una de ellas parecía una abeja grande, se trataba de la Montana. En ese momento, comencé mi verdadera andadura con las ninfas en este maravilloso mundo de la pesca.

Por cierto, en ese campeonato conseguí la pieza mayor a seca con una trucha común de más de medio metro.

Ninfas «naturales» de pelo y pluma

En los primeros años, las ninfas que llevábamos en nuestras cajas eran diversas. Algunas eran genéricas, otras imitaciones en forma y tamaño de las reales y, finalmente, estaban las realistas, que aunque eran muy bonitas y costosas, resultaban menos efectivas. Pasamos cientos de horas frente a un torno, intentando imitar las ninfas naturales con la esperanza de encontrar el modelo perfecto. Cada temporada, experimentábamos con nuevos colores y formas, siempre buscando esa imitación definitiva.

Aunque la mayoría de las ninfas capturaban peces, a veces era difícil hacer que tomaran nuestras imitaciones. El problema era que muchas de estas ninfas pesaban poco para ciertas corrientes, lo que hacía que las truchas se quedaran por debajo de ellas. Intentamos diversas soluciones: lastrarlas con hilo de plomo, pero esto comprometía su apariencia y atracción natural. Probaron métodos como meter plomo en los cónicos trenzados, pero los resultados no fueron óptimos. Finalmente, introdujimos *lezcore*, un cable similar a una cola sumergida para ayudar a que las ninfas se hundieran mejor. Hoy en día, a pesar de los numerosos inventos y la ilusión de encontrar la piedra filosofal en una ninfa, seguimos buscando la solución perfecta.

Evolución en las ninfas y el impacto del muelle

Fue entonces cuando, después de dos años retirado de la competición, recibí una llamada de mi amigo Josetxo Martínez. Me pidió un favor: necesitaba probar una técnica para el selectivo de 2004/2005 en el río Carrión, donde les estaba prohibido pescar a los competidores un mes antes de la competición. Según Josetxo, algunos pescadores ajenos al selectivo estaban pescando y pasando información a los competidores, lo cual era legal siempre que no pescaran los seleccionados.

Me presenté en el río Carrión con mi Renault 19, un sábado por la tarde. Almorzamos y fuimos a una tabla del río muy castigada con truchas educadas, que yo nunca había pescado. Utilicé una cola de rata DT del número tres, un bajo de casi una caña de largo y un hilo de color naranja flúor hecho por Josetxo Martínez, conocido como «muelle». Este hilo servía de señalizador, similar a la mosca del tándem, y colgaba

Sez.Provinciale F.I.P.S. L'Aquila. Camp. Mondo Pesca Mosca Castel di Sangro 10/6/92

dos ninfas diminutas con cabezas de tungsteno, un material novedoso en ese momento.

Josetxo me instruyó para lanzar lo más lejos y discreto posible, y cuando el «muelle» se hundiera, debía clavar. En una hora y media de pesca, saqué dieciocho truchas de la medida de competición. Josetxo quedó satisfecho con la técnica y llamó a nuestro amigo Matilla para decirle que se preparara las maletas para el mundial.

Aunque no inventamos el muelle, fue una evolución técnica. Josetxo vio pescar a su amigo inglés quien usaba un hilo arrugado y engrasado para mantener una ninfa pequeña en el nivel deseado. Al mismo tiempo, José Carlos Rodríguez, un excelente pescador de seca, aprendió sobre las ninfas barnizadas con cabezas de tungsteno que descendían más rápido que las ninfas con plomo.

En la provincia de Gerona, un pescador innovador con ninfas similares ganó el Máster de Campeones de Cantabria. Tanto los hermanos Urruzuno, al probar estas ninfas a través de José Carlos como el catalán José María Cros demostraron ser cazadores expertos. Las diminutas ninfas con peso suficiente, llamadas «perdigones», se convirtieron en la herramienta definitiva para capturar truchas.

Los perdigones no son un invento de unos pocos, sino una evolución natural en la pesca, desarrollada por pescadores inquietos que buscan mejorar continuamente.

— **Moscas de conjunto:** son ideales para principiantes, ya que imitan a varios insectos y son muy visibles. Estas moscas, como la palmer negra, palmer amarilla, palmer gris, palmer roja y palmer naranja, tienen una flotabilidad y visibilidad excelentes, especialmente en aguas movidas y circunstancias variadas.
— **Moscas todo terreno:** incluyen las clásicas que funcionan en la mayoría de ríos, como efémeras oliva, efémera gris, oreja de liebre, barón rojo, tricóptero flor escoba, tricóptero de becada, tricóptero negro y sus emergentes derivadas.
— **Moscas terrestres:** escarabajos, saltamontes, mariquitas y hormigas son esenciales para imitar insectos que no viven en el agua pero que las truchas pueden consumir.

Otros detalles que debemos conocer: Trato de los peces. Tejidos de nuestra sacadera. Tiempo de exposición fuera del agua. Ridículos marcajes en las grandes truchas.

Este apartado es sumamente importante, ya que de nada sirve que cumplamos las leyes al pie de la letra, que sepamos dónde pescar, cómo pescar, con qué pescar y que practiquemos la captura y suelta, si al sacar una trucha tardamos una eternidad en devolverla al agua por estar tomando un centenar de fotos repetidas hasta conseguir una que nos guste.

Si eres de los que disfruta fotografiando las capturas, es fundamental que mantengas la trucha dentro de la sacadera y en el agua mientras preparas la cámara. Si estás con un amigo, pídele que deje de pescar, tome el móvil y, cuando esté listo, haga las fotos necesarias de manera rápida para devolver el pez a su medio lo antes posible. Recuerda que cuanto más grande es la trucha, más sufre por la falta de oxígeno, especialmente después de una lucha.

Esto me recuerda a un atleta que acaba de terminar una carrera y, sin tiempo para recuperarse, los periodistas le colocan el micrófono para que explique cómo ha ido la prueba y qué sensaciones tiene en ese momento. Prácticamente no puede hablar, y hablar es una de las acciones más naturales y sin esfuerzo para un ser humano. Si trasladamos esto a una trucha que ha luchado intensamente por su vida, la falta de oxígeno en esas circunstancias la afectará de manera irremediable.

Otro aspecto crucial es la calidad de la red de nuestra sacadera. Existen redes de diversos materiales:

— Tejido de nailon.
— Hilo de pescar grueso con nudos.

— Red acrílica.

— Redes engomadas.

— Redes de silicona.

Las dos últimas opciones, las redes engomadas y las de silicona, son las más recomendables, ya que respetan el recubrimiento exterior de la trucha al manipularla, sin dañarlo. Para desanzuelar la trucha, es importante sujetarla con la mano húmeda, sosteniendo la red y la trucha de manera que la red quede entre nuestra mano y el pez.

Por otro lado, he notado que algunos pescadores, especialmente en ríos de gran caudal y en intensivos dedicados a capturar grandes truchas, suelen marcar a las truchas cortando parte de la cola, las aletas o incluso la aleta adiposa con tijeras, según ellos, para demostrar que fueron los primeros en pescarlas. Esto es una barbaridad y debería ser objeto de denuncia por parte de la administración. Además, es fácil identificar a quienes han practicado esta falta, ya que lo comentan y enseñan las fotos con las truchas ya marcadas.